Exorcismos; No.
Exorcismo; Sí.

P. Daniel Albarrán

Título original: *Exorcismos, No. Exorcismo, Sí.*

Autor: P. Daniel Albarrán
Depósito legal: lf 08120122001708
ISBN: 978-980-12-5734-9
Barcelona, Anzoátegui, 2011-2012.

Este libro se imprime y distribuye también en
Lulu.com – lulu enterprises Inc
3101 Hillsborough St.
Raleigh- USA.
Impresión según pedido.

Y en autoreseditores.com
Colombia.

Y de manera artesanal por el propio autor en
Barcelona, Venezuela, mayo 2012.

Nota preliminar de este estudio

y ubicación general

En una sociedad sedienta de la Palabra de Dios, y de quien nos explique su sentido; en una sociedad crédula en fenómenos que nos supera la imaginación; en un mundo, en que se pareciera volver a los pasos ya andados para llegar a las fronteras de un retroceder, y al que se le puede hacer resistencia a gritos con la fuerza de la razón evolucionada en el tiempo; ante un mundo frágil de sugestiones y de sujetos sugestionables... hay temas que, aparentemente, no pasan de moda. Por el contrario, parecen estar sobre el tapete y en eterna vigencia, a pesar de que se creían superados.

El tema del exorcismo es uno de ellos.

Por supuesto, que sólo referir el tema, conlleva, de inmediato una postura, ya a favor, ya en contra. Cada enfoque va a llevar todos los alegatos al estrado para esgrimirlos en su defensa; y, como es lógico, para refutar la manera de ver de el contrario. Esto genera, irremediablemente, la confrontación, para defender cada cual su forma de pensar. Y, como también es lógico, cada manera va a tener un fundamento teológico, pues desde cada base se va a sostener cada visión.

El tema del exorcismo genera esas dos posturas.

Los que defienden su existencia lo fundamentan hasta con datos de elucubración supuestamente teológicos. Y los que no lo comparten, también tienen sus datos para exponer sus razones. En ambos casos, la fuente, ya para defender, ya para cuestionarlo, ha de ser exclusivamente las Sagradas Escrituras.

De eso se trata se trata este libro. Damos todos los datos de unos y de otros, respetando las maneras de pensar. Pedimos al lector que esté muy atento, porque es un aporte que requiere mucha dedicación. Al final va a tener los elementos suficientes para tomar una posición, teniendo como base y fundamento la única fuente de la teología, que no es más que la Palabra de Dios, con su sentido de Sagradas Escrituras, en clave de revelación.

Exorcismos; no

El milagro en el día de hoy

¿En pleno siglo XXI puede hablarse todavía de milagro?

En un mundo que busca comprenderlo todo bajo la "medición cuántica", desde la gran apertura experimentada científicamente de la "relatividad", ¿puede, todavía, hablarse de intervenciones sobrenaturales, al admitir que se puede alterar el orden ya establecido en la misma naturaleza?[1]

¿Podría considerarse como aplicable las ideas de los más grandes influyentes del pensamiento moderno, como Espinoza, Hume, Voltaire y Renan, entre otros, para quienes admitir la posibilidad de una intervención sobrenatural en la naturaleza, sería una contradicción a sus leyes universales; y sería, por eso mismo, un desdecir del propio Dios?

Por otro lado, está la postura de que si se niega el milagro, se está negando ya con ello la existencia de Dios. En esta postura se considera que los relatos de milagros ocupan un lugar tan considerable en los evangelios, y están tan íntimamente ligados a su trama, que no es posible rechazarlos sin rechazar los evangelios. Rechazar el milagro, sería ya una negación de Jesús y de su mensaje, pues sería negar el conjunto de los milagros y la predicación de Jesús, que constituyen una unidad indisoluble, ya que ambos manifiestan la venida del Reino de Dios.

Esto implica un estudio con pinzas sobre el tema, porque se puede asumir de principio una de las dos posturas: o la de negar abiertamente toda intervención sobrenatural y su sentido de signo; o la de cerrarse a toda posibilidad de análisis de los tiempos históricos en que sucedieron los acontecimientos, dando como cierto todo lo que aparece como "prodigioso", sin aceptar críticas.

El análisis y estudio de esos "prodigios" puede, sin embargo, igualmente tomar una postura subjetivista al considerar que desde el punto de vista literario los evangelios son creación de la comunidad post-pascual, y que son creaciones teológicas, y que no se interesan por el Jesús histórico, sino por la predicación o

---

[1] Cfr. X. Leon-Dufour (ed.), *Los Milagros de Jesús*, Presentación del libro por el mismo X. Léon-Dufour, pp. 13-16.

kerigma[2], ya que es imposible conocer el marco cronológico de su vida, la evolución psicológica y la pretensión personal de Jesús.

La obra de J. Ratzinger (Papa Benedicto XVI) titulada *Jesús de Nazaret*, anima mucho a este respecto. Sin negar el gran impulso que se genera desde la publicación de la carta postsinodal de 2010, la Verbum Domini, sobre la necesidad de ahondar sobre estos temas, para hacer el intento de la aplicación pendiente de la Dei Verbum en su número 12, que ha quedado no bien aplicada, como lo reconoce el mismo Papa en su libro *Jesús de Nazaret* (los dos tomos). Lo que obliga a reconocer que se trata de estudiar una cultura diferente a la suya, para adoptar con humildad, primero, lo que se llama una perspectiva *emic*, que es la de los protagonistas de los relatos y sus destinatarios; y después en verse obligado a adoptar una perspectiva *etic*, que es la de su propia cultura, lo que implica una tarea de recontextualización hermenéutica[3]. Ese doble marco de estudio llevaría a evitar una interpretación etnocéntrica y anacrónica de Jesús; sobre todo, para no correr el peligro de colocar a Jesús fuera de todo contexto histórico y cultural, ya que fue un judío de su época. Pero sin olvidar, igualmente, que todo lo que aparece en los Evangelios obedece a una elaboración cristológica que hace inseparables la predicación de la Iglesia del mensaje de Jesús como tal[4].

---

[2] La posición de R. Bultmann., para quien sólo hay una acción de Dios que supera las leyes de la naturaleza y, por tanto, un único milagro: la revelación. Por eso "la mayoría de los relatos de milagro contenidos en los evangelios son leyendas o por lo menos están revestidos de leyenda". Bultmann no niega que Jesús realizase ciertas acciones que, en su espíritu y en el de sus contemporáneos, fuesen consideradas milagro, pero dice que nosotros no estamos ni mucho menos obligados a creer que éstas escapen, como fenómenos visibles y objetivos, del determinismo de la naturaleza. Para Bultmann, al igual que para los racionalistas, milagro es, siguiendo la definición que arranca de Santo Tomás, "algo que tiene lugar al margen del orden natural"; todo milagro supone, por tanto, una excepción a las leyes de la naturaleza; y, como tal excepción, es imposible.

[3] Cfr. Rafael Aguirre, *La «Third Quest» ¿Una nueva investigación?* Universitat de Deusto, Bilbao. Por supuesto que el libro de J. Ratzinger, *Jesús de Nazaret*. Las expresiones *Emic* y *Etic* distinción acuñada por K. L. Pike, (Pelayo García Sierra, Diccionario filosófico): entiende generalmente "Emic" como el punto de vista del nativo y "Etic" como el punto de vista del investigador.

[4] Cfr. Joseph Ratzinger (Papa Benedicto XVI), *Jesús de Nazaret*, tomo I, prólogo del libro.

Todo eso para poder llegar al estudio que queremos realizar en este libro, que es la de tratar de comprender no todos los "prodigios", realizados por Jesús, sino con preferencia los catalogados como "exorcismos".

Ese es el centro y el objetivo de este estudio: los exorcismos. El trabajo está dividido en cuatro partes. En la primera se hará un estudio muy rápido y somero sobre los prodigios realizados por Jesús, clasificando uno de otros, para poder diferenciar prodigios de prodigios. Nótese que se evitará en lo posible utilizar la palabra "milagros". Se usará en sentido general la palabra "prodigio" para esas manifestaciones encontradas en los Evangelios.

En la segunda parte, se hará un análisis de los prodigios de Jesús, como tal, buscando sus especificidades, en especial relación con su actividad taumatúrgica. En la tercera parte, la cosa puede resultar un poco más que complicada, porque se trata de estudiar la posibilidad, o no, de justificar la existencia de personas dotadas con ciertas facultades "milagreras". Esta tercera parte es la más conflictiva; sobre todo, por la popularidad y gran extensión de este fenómeno social-religioso de tantos *tocados por Dios* con ciertos dones y facultades fuera de lo común, de los que muchos sacerdotes se auto-consideran "privilegiados". En esta tercera parte, se hará el cuestionamiento de la posibilidad de la conexión y relación de sacerdocio con milagrerismo. La pregunta: ¿Van implícitos sacerdocio-curanderismo?, será la constante de esa parte. Aquí se llegarán a grandes verdades necesarias de hacer resaltar del misterio del sacerdote, en relación con su ministerialidad, y, por supuesto, con su carácter de sacramento.

Y en la cuarta parte, una vez expuestos respetuosamente los "exorcismos" (en plural), se hará una presentación muy rápida del "exorcismo" (en singular), que aplica y practica la Iglesia, y que corresponde a la segunda parte del título de este libro.

PRIMERA PARTE

El exorcismo y Jesús de Nazaret[1]

Tipología de los milagros de Jesús:

Es necesario hacer una diferenciación de lo que ha sido considerado como milagro en la actividad de Jesús, ya que hay intervención de intervención, pues no es igual hablar de las curaciones, como de los exorcismos, por ejemplo. Así tenemos:

Milagros de curaciones:

Existen 14 milagros de curaciones relatadas en los evangelios. La mayoría de los relatos se encuentran en Marcos: la suegra de Pedro (Mc. 1, 29-31; Mt. 8, 14-15; Lc. 4, 38-39), el leproso (Mc. 1, 40-45; Mt. 8, 1-4; Lc. 5, 12-26); el paralítico (Mc. 2, 1-12; Mt. 9, 1-8; Lc. 5, 17-26), el hombre de la mano atrofiada (Mc. 3, 1-6; Mt. 12, 9-14; Lc. 6, 6-11), la mujer con hemorragia (Mc. 5, 25-34; Mt. 9, 20-22; Lc. 8, 43-48, el sordomudo (Mc. 7, 31-36), el ciego de Betsaida (Mc. 8, 22-26), el ciego Bartimeo (Mc. 10, 46-52; Lc. 18, 35-43).

Lucas trae tres relatos de milagros: la mujer encorvada (Lc. 13, 10-17), los diez leprosos (Lc. 17, 11-19), y el hidrópico (Lc. 14, 1-6).

El Evangelio de San Juan presenta dos curaciones de Jesús: el paralítico en la piscina (Jn. 5, 1-9) y el ciego de nacimiento (Jn. 9). Y, por su parte, el Evangelio de San Mateo presenta el relato de la curación de los dos ciegos (Mt. 9, 27-31).

Milagros de exorcismo:

En los evangelios, podemos encontrar seis historias específicas de exorcismo. Cinco son testimoniadas por Marcos: el endemoniado en la sinagoga (Mc. 1, 23-28; Lc. 4, 33-37), el endemoniado de Gerasa (Mc. 5, 1-20; Mt. 8, 24-34; Lc. 8, 26-39), la hija de la mujer sirofenicia (Mc. 7, 24-30; Mt. 15, 21-28), el pequeño epiléptico (Mc. 9, 14-29; Mt. 17, 21-24; Lc. 9, 37-43), el endemoniado ciego y mudo

---

[1] Véase el estudio basado en Luigi Schiavo, en su trabajo *Jesús taumaturgo - Elementos interpretativos*, y la bibliografía consultada y citada por el mismo autor citado. Juan Bautista Flórez cmf, *El Reino de Dios en las obras poderosas manifestadas en Jesús*.

　　　　　Exorcismos; no

(Mc. 3, 22; Mt. 12, 22-23; Lc. 11, 14-15). Y el relato del exorcismo del endemoniado mudo (Mt. 9, 32-34; 12, 22-23; Lc. 11, 14-15).

Juan no relata ningún exorcismo realizado por Jesús, pero hay una acusación en la que parece estar implícita la afirmación de que Jesús está endemoniado (Jn 7, 20; 8, 48-52; 10, 20-21).

Ya dedicaremos un capítulo completo a los exorcismos (véase desde la página 45).

Milagros de la naturaleza:

Por milagros de la naturaleza, se consideran "el poder sobre la materia inanimada o su capacidad de modificarla, en oposición al poder sobre las personas vivas". Son ocho *"los milagros de la naturaleza"*: la tempestad calmada (Mc. 4, 35-41; Mt. 8, 23-27; Lc. 8, 22-25), las multiplicaciones de los panes (Mc. 6, 32-34; Mt. 14, 13-21; Lc. 9, 10-17; Mc. 8, 1-10; Mt. 15, 32-39), la caminata sobre las aguas (Mc. 6, 42-52; Mt. 14, 22-23; Jn. 6, 16-21), la maldición de la higuera (Mc. 11, 12-14.20-26; Mt. 21, 18-22), la moneda en la boca del pez (Mt. 17, 24-27), la pesca milagrosa (Lc. 5, 1-11; Jn. 21, 1-14), la transformación del agua en vino (Jn. 2, 1-11).

Milagros de resurrección:

Son tres: la hija de Jairo (Mc. 5, 21-24.35-43; Mt. 9, 18.23-26; Lc. 8, 40-42.49-56), el joven de Naim (Lc. 7, 11-17), Lázaro (Jn. 11). Por lo que se refiere a la hija de Jairo, no parece tratarse de muerte real, ya que el mismo Jesús afirma que la pequeña estaba durmiendo (Mc. 5, 39). Puede haber sido una curación, posteriormente interpretada como resurrección de los muertos (Meier, 1998: 543). En el caso de Naim, el relato presenta elementos parecidos a 1Rs 17, 7, surgiendo la posibilidad de tener ahí un relato midráshico, con el objetivo de comparar Jesús a la actividad taumatúrgica del profeta Elías. Finalmente, Lázaro: probablemente se trata de una reelaboración simbólica de un milagro de curación para enfatizar la profunda cristología de Juan (Barbaglio, 2002: 244).

Algunas características de la cultura judía respecto al milagro:

Volverse a Dios:

La dolencia era generalmente, atribuida, en el mundo judaico tardío, a influencia de los demonios o de espíritus impuros, que podían perjudicar a las personas que se exponían a su acción por causa del pecado. La curación consistía primeramente en volverse a Dios (conversión) y sólo en un segundo momento, con la aplicación de una terapia médica apropiada. Jesús reúne en sí estos dos elementos: él actúa en nombre de Dios, exigiendo la fe y el cambio de vida; y hace uso de los elementos propios de la curación, como el tocar, la imposición de manos, la saliva, el agua, el barro, el uso de la palabra, etc.

Contexto apocalíptico:

El judaísmo tardío (años 100-150 antes de la Era cristiana) es caracterizado por la visión apocalíptica del mundo. Las influencias zoroastristas, egipcias, griegas, como la situación de nulidad de los judíos frente a la grandeza de los imperios que dominaban el escenario internacional, el miedo a ser tragados por culturas globales y desaparecer como identidad específica, estimularon una nueva síntesis teológica, que tiene sus raíces en la visión profética de la historia. Para los apocalípticos, el cielo se torna como referencia última, y lo que acontece en la tierra es entendido como el reflejo de la historia celestial. Se hace necesario "subir" a los cielos, a través del sueño, de la visión o del viaje místico, para obtener la "revelación" que permita interpretar el sentido de la vida, del sufrimiento, de la muerte, de la opresión. La teología apocalíptica afirma, por un lado, el poder absoluto de Dios sobre la historia y, por otro, su fidelidad al pueblo. Para ella, el mundo terreno está dominado por el mal y por sus agentes, los demonios, pero se trata de un poder limitado y presto a terminar. Anuncia el combate definitivo y la restauración del reinado de Dios a través de la estructura simbólico-literaria de la batalla escatológica entre el Mesías con sus ángeles, y el diablo con sus demonios. Se creía que la actuación de los demonios se había vuelto más intensa en este tiempo, considerado el último. La actividad taumatúrgica de Jesús, sus milagros y exorcismos tienen que ser leídos dentro de este contexto apocalíptico de conflicto final con el Diablo.

Exorcismos; no

Contexto escatológico:

La conciencia de estar viviendo los últimos tiempos, dio origen a varios movimientos radicales en Palestina, especialmente de algunos taumaturgos, que eran un fenómeno típico de este período histórico y tenía connotaciones escatológicas. Se hicieron famosos sobre todo dos taumaturgos activos: Honi del siglo I, d.C., el cual, según el testimonio de Flavio Josefo era recordado por hacer llover dibujando círculos (Ant. 14, 22-24), y Hanina ben Dosa, nacido en las proximidades de Séforis, en el siglo I, d.C., al cual se le atribuían varios milagros de curaciones y exorcismo, a veces realizados de lejos, con la fuerza de su oración, y milagros de multiplicación de panes, y de inmunidad frente a la mordida de serpientes (Schiavo-Silva, 2000: 80).

Todas las varias figuras de profetas escatológicos anteriores a la guerra anunciaban la próxima intervención de Dios. Son recordados como profetas de la señal, porque anunciaban la realización de grandes prodigios divinos. Fueron perseguidos y reprimidos con extrema violencia por las autoridades, que veían en ellos un peligro para la estabilidad social. Mas, contribuyeron notablemente al crecimiento de la esperanza escatológica, como por ejemplo Juan Bautista, cuya predicación, alrededor del año 30 d.C., en los márgenes del río Jordán, buscaba rescatar la identidad judaica frente a los peligros globalizantes del helenismo, proponiendo un judaísmo renovado. Su crítica a la familia de Herodes le costó la vida. Otros de por esa línea son un tal Teudas, quien pronosticara la división de las aguas del Jordán, repitiendo el milagro del tiempo de la toma de la tierra por Josué (Js 3). Su movimiento también acabó en un baño de sangre (Ant. 20, 97-99; Hch 5, 36). Finalmente, en la proximidad de la guerra (¿62-64?), el campesino Jesús, hijo de Ananías, fue a anunciar el juicio de Jerusalén, del templo, del pueblo. Como loco, andaba por las calles de la ciudad, proclamando sus "Ayes", hasta morir durante el cerco (Guerra judaica 6, 300-309).

Jesús tenía algo en común con estos profetas: la promesa de una gran señal como la destrucción y reconstrucción milagrosa del templo (Mc. 14, 57-58); sin embargo, en cuanto que todos ellos quedaron sólo en anuncio, Jesús proclamó que en su persona, predicación y señales, ¡el tiempo nuevo, ya llegó!

El movimiento zelota también puede ser considerado en esta clasificación.

Contexto mesiánico:

La expectativa mesiánica se hizo más intensa en la primera mitad del siglo I, d.C. El Mesías es el agente escatológico de la salvación, y en su acción se manifestaba la intervención definitiva de Dios, en pro de su pueblo. Había varios tipos de mesías esperados.

El Mesías davídico:

Es descrito como un rey-guerrero, teniendo como referencia la figura del rey David, cuya función fue, sobre todo, militar y política. Se encarna en el súper-ángel Miguel, jefe de las huestes angelicales divinas, el defensor por excelencia del pueblo (Dn 12, 1). En la batalla escatológica, él enfrenta y derrota su enemigo histórico, Satanás (Ap 12, 7). Muchos en la Palestina del siglo I, esperaban su vuelta: de manera especial el movimiento zelota, presto a tomar las armas y seguirlo. También Jesús fue considerado este Mesías-guerrero, cuando, después de la multiplicación de los panes, quisieron coronarlo Rey (Jn. 6, 15), o cuando fue anunciado con 'hosanas' en la entrada triunfal en Jerusalén (Mc. 11, 9-10). La pretensión real será la justificación para su muerte en la cruz (Mc. 15, 26). Sus rasgos típicos fueron elaborados por Mateo a partir de la figura de David, en el evangelio de la infancia (Mt. 1-2).

El Mesías sacerdotal:

Es típico sobre todo en Qumran, donde se esperaba la venida del sacerdote mesiánico para realizar la purificación de la impiedad y la restauración del templo escatológico. El Maestro de la Justicia, probablemente un sacerdote sadoquita, considerado el fundador de la comunidad esenia (Documento de Damasco I), es descrito con rasgos escatológico-mesiánicos. Pero la figura que más resalta es la de Melquisedec, celebrado como salvador. En el 10° jubileo, lo escatológico, realizará la expiación y la liberación de los elegidos del yugo de la esclavitud, enfrentará y derrotará a Belial y será proclamado "rey de justicia". Si el Mesías davídico, estaba relacionado sobre todo a la liberación política, el Mesías sacerdotal tendrá la función de hacer prevalecer la justicia sobre la impiedad, y purificará el templo restableciendo a los legítimos sacerdotes. Su

Exorcismos; no

condenación implícita es para las facciones judaicas que se dejaron corromper, abandonando la fidelidad a la Ley.

El Mesías profético:

Tiene como su tipo a Moisés y la profecía de Dt 18, 15, que afirma la llegada de un profeta como Moisés, en los últimos tiempos. Se creía que Elías fuese este profeta, en base a la profecía de Mal 3, 2-3. Pero, la más famosa figura de profeta escatológico es la del Hijo del Hombre del libro de Daniel. Se trata de una figura escatológica entronizada en el cielo, cuya función era la de realizar el juicio y la destrucción de los malos en el juicio final. Los primeros cristianos interpretaron la figura histórica de Juan Bautista, como la encarnación del profeta escatológico.

Algunas interpretaciones sobre la persona de Jesús y los milagros

Jesús, "hombre divino":

El ejemplo más significativo de hombre divino y taumaturgo famoso fue Apolonio de Tiana, filósofo neo-pitagórico itinerante del siglo I, cuyos actos llegaron hasta nosotros en la biografía de comienzos del siglo III, escrita por Filostrato. Apolonio habría realizado varios milagros, entre ellos de resurrección, de curación, de exorcismo y acciones prodigiosas incluyendo elementos naturales. La importancia de la curación era grande en el mundo greco-romano, donde salvación y salud representaban la misma realidad. Los obstáculos para la realización de la propia existencia eran considerados alienadores, llevando a la derrota psicológica y moral. Se trataba de verdaderas tragedias que colocaban a la persona frente a su propio límite. Por eso, la salud y la curación eran alcanzadas en una búsqueda desesperada, por medio de remedios, prácticas alternativas, magia, romerías a santuarios, etc. El dios griego Asclepio, el dios de la curación, era considerado el salvador por excelencia. En su templo de Epidauro, curaba a los fieles que acudían a él. Interesante era su método de curación: los sacerdotes se preocupaban para que los visitantes que iban al santuario pasasen la noche en el recinto del templo, en una gran sala (incubación), con la promesa de que el dios los visitaría, personalmente, en una manifestación, o en sueños, o todavía a través de sus intermediarios, serpientes sagradas y perros, venidos del bosque que rodeaba el templo (Kee, 1993: 116). De la misma manera, también la diosa egipcia Isis, aparecía por la noche en el sueño de sus seguidores, que a ella se acercaban a fin de obtener bendición, curación y vida eterna, más allá del túmulo. En el mundo greco-romano, se hicieron famosos otros taumaturgos: Empédocles, el cual habría resucitado a una mujer, los Dióscuros, celebrados en el XXXIII Himno Homérico, como salvadores de los elementos naturales, y el emperador Vespasiano, autor de varios milagros que demostraban el favor de los dioses para con él (Barbaglio, 2003: 231).

Los operadores de milagros (*miracle-workers*) eran considerados verdaderos hombres divinos. El término *theiós aner* exalta el origen divino del poder operando en ellos. Por causa de las semejanzas, esta designación fue aplicada también a Jesús, justificado

   Exorcismos; no

en el hecho de que Galilea habría tenido una fuerte influencia cultural helenística.

Jesús mago:

El concepto de magia está relacionado a hechos extraordinarios realizados a partir de una cierta metodología específica. El mago manipulaba determinadas fuerzas divinas por medio de fórmulas estereotipadas y gestos particulares, forzando lo divino a actuar, a cambio de una retribución económica. La magia de Jesús se justificaría en su propio método de curación, y en la manipulación de los enfermos. Él habría tenido la autoconciencia de un mago, además de haber ejecutado prácticas y ritos mágicos. Jesús sería un taumaturgo carismático, dotado de poder restaurador, obtenido de lo alto, por él mismo. En eso, él sería un mago.

Como Elías y Eliseo:

En el mundo judaico, era muy viva la memoria de la intervención divina en favor de su pueblo, que se había manifestado por signos grandiosos como las plagas de Egipto, la apertura de las aguas en el Mar Rojo y los milagros de la marcha por el desierto hasta la conquista de la tierra. Los mayores realizadores de signos, operados con la fuerza de Dios, fueron, en el Antiguo Testamento, Elías y Eliseo, profetas del norte (1Rs 17 -2Rs 6). Jesús realiza algunos milagros que son relatados en los ciclos de Elías y Eliseo: multiplica los panes, resucita a los muertos, cura a los enfermos. Tales semejanzas llevan a pensar en un midrash: como Elías y Eliseo, Jesús es profeta y taumaturgo, actúa en el norte, como ellos (1Rs 18) enfrenta a la religiosidad oficial, afirmando que sólo Dios puede curar y, con sus curaciones, afirma que el poder de Dios obra también fuera del templo y de las manos de los sacerdotes. A ejemplo de los dos profetas, su acción no se limitó a purificar la religión, sino que fue realmente política (1Rs 21; 2Rs 9): sus milagros significan el repudio de la religión oficial del templo, por la cual, por la ley de la retribución, la enfermedad estaba estrictamente ligada al pecado.

Actividades milagrosas de Jesús y muerte en la cruz:

El evangelista que más enfatiza los milagros de Jesús es Marcos. Él escribe bien cercano a la gran guerra judaica, y pudo sentir la influencia de las expectativas escatológico-apocalípticas, que con certeza, más no ofrecieron su contribución ideológica para la insurrección contra los romanos. Uno de los ejes del evangelio marcano, es la lucha de Jesús contra el diablo, y el anuncio del reino de Dios (Mc. 1, 18), de los cuales los numerosos milagros de curaciones y exorcismo de Jesús son expresiones.

Pero el contexto helenístico de la obra de Marcos, lleva hacia otra reflexión. El gran desafío de los primeros cristianos frente al helenismo fue el rechazo, por la cultura greco-romana, de un Dios muerto en la cruz. El discurso de Pablo en el areópago de Atenas, construido en los moldes de la retórica antigua, resbala frente a la cruz: "Cuando oyeron hablar de resurrección de los muertos, algunos comenzaron a burlarse, otros dijeron: 'Te oiremos respecto de eso, otra vez'" (Hch 17, 32). Es posible que la teología de la cruz, que tiene en Pablo su mentor más significativo (Fp 2 y 1Cor 1-2), sea fruto justamente, de ese conflicto cultural con el mundo helénico, en el intento de afirmar la fe en un Dios muerto y resucitado (Hoornaert, 1997). El más antiguo de los evangelios, Marcos, refleja, en su estructura general, este conflicto de los cristianos de la segunda generación fuera de Palestina. Si, de un lado el evangelista presenta a Jesús como milagrero y exorcista, en la primera parte de su obra (Mc. 1-8), del otro, afirma el fracaso de esta imagen de Jesús, visible en la incomprensión de sus discípulos (8, 27-30) y en el rechazo del mundo judaico. (Mc. 8-16). Para Marcos solamente la cruz, asumida conscientemente como proyecto divino (8, 31-34), mostrará quien es realmente Jesús. Es significativo que sólo al final, delante del crucificado, el centurión pagano, representante de los cristianos de la comunidad marcana, salpicada por el imperio romano, hará su solemne profesión de fe en "Jesús, Hijo de Dios" (15, 39). Para el evangelista, "cualquier asimilación de Jesús a un hombre divino a la manera helenística es rechazada por él. Jesús no es un superman de los gestos maravillosos. Su vida acaba en una cruz, una cruz despojada de cualquier evento prodigioso, a pesar de que ya anuncie la gloria de la resurrección" (Perrot, Paulus: 92-93).Con esto, Marcos afirma dos cosas: de un lado, que Jesús era un "hombre divino", un miracle-worker, tal vez el mayor de todos, por los grandes prodigios por él realizados; pero por otro lado, su divinidad se manifiesta no tanto en éste su poder taumatúrgico, cuanto en la fidelidad radical al proyecto del Padre que prevee la asunción redentora de la cruz. Con esta

23

afirmación, Marcos estaría incentivando a sus oyentes a permanecer fieles frente a las dificultades, rechazos y, quizás, persecuciones.

En ese sentido, la taumaturgia es la facultad de realizar milagros o hechos extraordinarios y prodigiosos[2]. Se refiere a la facultad de realizar hechos extraordinarios como milagros, etc. Brujería, hechicería y ocultismo se utilizan con relación a poderes sobrenaturales nacidos, en muchos casos, de la superstición. Y taumaturgo, es el mago, o persona capaz de realizar milagros o hechos prodigiosos. Taumaturgo es el autor de maravillas o prodigios. Dentro de este significado general se hallan comprendidos el mago, el hechicero y el encantador[3].

Precisiones obligatorias:

Estamos en esta parte de nuestro estudio haciendo toda posible relación con Jesús de Nazaret en cuanto a las actividades taumatúrgicas se refiere. Es más que evidente que Jesús era un taumaturgo en el sentido de que realizaba grandes prodigios. Sin embargo, nos corresponde precisar las diferencias, en el sentido de que todas sus obras eran para anunciar siempre que ya *"había llegado el Reino de los Cielos"*. No era tanto, ni siquiera, para atraer la atención sobre su persona, sino para comunicar que se trataba de la obra del Padre y su cumplimiento, a través de sus obras, porque Él y el Padre son una misma cosa: *"Si no hago las obras de mi Padre, no me crean; pero si las hago, crean en las obras, aunque no me crean a mí. Así reconocerán y sabrán que el Padre está en mí y yo en el Padre"* (Jn. 10, 38). Aunque al creer en el Padre ya era reconocer la obra en el Hijo, pues ambos se llevarían en relación al otro, y viceversa, en esa unidad de acción y de criterios.

Algunos planteamientos en relación a Jesús respecto a los milagros:

También había otros que hacían "prodigios":

Desde esos intentos de precisiones, por lo menos como tarea obligada para cualquier estudio y comprensión, surge de inmediato un

---

[2] Diccionario de la lengua española © 2005 Espasa-Calpe; Diccionario Manual de Sinónimos y Antónimos de la Lengua Española Vox. © 2007 Larousse Editorial, S.L.
[3] Ibídem.

mundo de cuestionamientos en relación con la actividad de Jesús, según los Evangelios, en concreto con las curaciones. Así, lo primero que hay que decir es que Jesús no tuvo en su tiempo la exclusiva de los milagros, pues según el Nuevo Testamento, también otras personas obraron milagros (ya fuesen curaciones, resurrecciones de muertos o exorcismos), como los mismos discípulos de Jesús; también el apóstol Pablo, los adeptos de los fariseos (Lc. 11, 19), un personaje anónimo que no pertenecía al grupo de discípulos (Lc. 9, 49) y diversos miembros de las comunidades cristianas primitivas que tenían el don de curaciones o de exorcismos (1 Cor 12, 9.10.28-30; 2; St 5, 14-16). Por lo demás, de los falsos mesías y profetas se dice en los evangelios que harán señales y prodigios que no hay que creer (cfr. Mc. 13, 22; Mt. 24, 24; Mc. 9, 38s; Lc. 9, 49s; Hch 3, 16).

Ante esta precisión, la pregunta es: ¿Era Jesús un mago o algo por el estilo? ¿Y, es bajo esa clasificación que hay que mirar la actividad milagrera de Jesús? Ya se dijo algo al respecto. Los milagros de Jesús se entienden en el contexto del Reino de Dios: *"Si yo expulso los demonios por el Espíritu de Dios, es que el Reino de Dios ha llegado a vosotros"* (Mt. 12, 28). Jesús inaugura el Reino de Dios y los milagros son una llamada a una respuesta creyente. Esto es fundamental y distintivo de los milagros que obró Jesús, ya que en Jesús Reino de Dios y milagros son inseparables. No pueden explicarse como prodigios asombrosos sino como actuaciones de Dios mismo con un significado más profundo que el hecho prodigioso: la conversión.

Se negaba a dar señales de ser un mago:

En este subapartado tenemos que colocar las dos partes que se contradicen en la vida y actividad de Jesús, pues es evidente la contradicción, ya que por un lado se niega a realizar prodigios, como en el caso de las tentaciones; pero, por otro, realiza algunos prodigios, como en la caminata sobre las aguas. En estos dos casos se trata de acciones sobre la naturaleza. Y en ambos, tanto en las negaciones continuadas, como en los prodigios realizados, hay una temática permanente. En el caso de la negación ante una petición, como en la permanente de las tentaciones subyacentes en todas, están en conexión con su misión cristológica (la cruz y la redención); mientras que en los prodigios están en conexión con el anuncio del Reino de los Cielos, como apertura a la conversión a través de su palabra. Y ambas tienen la misma temática, pero con un énfasis particular en cada caso. Así, se

     Exorcismos; no

niega a sentirse tentado a perder su perspectiva y todo lo que lo aparte de la cruz. Pero acepta, cuando se trata de la humildad del que le pide tal o cual prodigio, porque es la oportunidad para afianzar su misión; ya que, en el primer caso, se trata del desvirtuar su tarea y misión, y en el segundo, de una confirmación. Y se presenta de inmediato un opuesto, pues en esa negación hay una afirmación constante; y en esa aceptación hay una negación del prestigio en el prodigio, y con ello, una confirmación de la voluntad del Padre.

Veamos, en todo caso.

Se niega cuando se lo piden:

Igualmente, en esta parte hay que subdividir, porque es también evidente que algunas veces se niega, y otras, las realiza, como en el caso de la petición del ciego o de la hemorroísa, etc. Pero en esa división entre realizarlo y no realizarlo, se encuentra una relación realmente interesante, que es necesario resaltar, pero, por ahora limitémonos a las referencias, para después hacer la nota de esas mismas diferencias. Así tenemos, que se niega en las tentaciones en el desierto, sobre todo en la primera y en la tercera tentación:

- Primera Tentación: Jesús, lleno del Espíritu Santo, regresó de las orillas del Jordán y fue conducido por el Espíritu al desierto, donde fue tentado por el demonio durante cuarenta días. No comió nada durante esos días, y al cabo de ellos tuvo hambre. El demonio le dijo entonces: «*Si tú eres Hijo de Dios, manda a esta piedra que se convierta en pan*». Pero Jesús le respondió: «Dice la Escritura: "El hombre no vive solamente de pan"»....

- Tercera Tentación: Después el demonio lo condujo a Jerusalén, lo puso en la parte más alta del Templo y le dijo: «Si tú eres Hijo de Dios, *tírate de aquí abajo*, porque está escrito: "El dará órdenes a sus ángeles para que ellos te cuiden". Y también: "*Ellos te llevarán en sus manos para que tu pie no tropiece con ninguna piedra*"». Pero Jesús le respondió: «Está escrito: "No tentarás al Señor, tu Dios"». Una vez agotadas todas las formas de tentación, el demonio se alejó de él, hasta el momento oportuno (Lc. 4, 1-13).

- Podría también colocarse en esta sección la noticia de la enfermedad de su amigo Lázaro, aunque nadie le estaba pidiendo a Jesús que hiciera algo a favor de Lázaro. Solamente que fuera a visitarlo porque estaba enfermo. Por eso le dan la noticia de su enfermedad. En ese apartado se sucede un diálogo muy interesante entre la hermana de Lázaro y Jesús (cfr. Juan 11, 1-45).

• "Se acercaron los fariseos y saduceos y, para ponerle a prueba, *le pidieron que les mostrase una señal del cielo*. Mas él les respondió: «Al atardecer decís: "Va a hacer buen tiempo, porque el cielo tiene un rojo de fuego", y a la mañana:' Hoy habrá tormenta, porque el cielo tiene un rojo sombrío." ¡Conque sabéis discernir el aspecto del cielo y no podéis discernir las señales de los tiempos! ¡Generación malvada y adúltera! *Una señal pide y no se le dará otra señal que la señal de Jonás.*» Y dejándolos, se fue" (Mt. 16, 1-5; Lc. 11, 29).

• «A otros salvó y a sí mismo no puede salvarse. Rey de Israel es: que *baje ahora de la cruz, y creeremos en él*" (Mt. 27, 42).

Pero realiza prodigio, por iniciativa propia:

Un detalle a resaltar en estas intervenciones de Jesús, es que es él quien toma la iniciativa y realiza los prodigios sin que nadie se los pida, como por ejemplo, la tempestad calmada (Mc. 4, 35-41; Mt. 8, 23-27; Lc. 8, 22-25), las multiplicaciones de los panes (Mc. 6, 32-34; Mt. 14, 13-21; Lc. 9, 10-17; Mc. 8, 1-10; Mt. 15, 32-39), la caminata sobre las aguas (Mc. 6, 42-52; Mt. 14, 22-23; Jn. 6, 16-21), la maldición de la higuera (Mc. 11, 12-14.20-26; Mt. 21, 18-22), la moneda en la boca del pez (Mt. 17, 24-27), la pesca milagrosa (Lc. 5, 1-11; Jn. 21, 1-14), la transformación del agua en vino (Jn. 2, 1-11):

La multiplicación de los panes:

• Ellos respondieron: «Aquí no tenemos más que cinco panes y dos pescados». «Tráiganmelos aquí», les dijo. Y mandó a la gente que se sentara en el pasto. Tomó los cinco panes y los dos pescados, levantó los ojos al cielo, pronunció la bendición, partió los panes y los entregó a los discípulos. Y los discípulos los daban a la gente. Todos comieron hasta saciarse y con los pedazos que sobraron se llenaron doce canastas (Mateo 14, 17-20).

Sin embargo, no aparece que haya hecho algo en especial. El texto solo dice que: *"Tomó los cinco panes y los dos pescados, levantó los ojos al cielo, pronunció la bendición, partió los panes y los entregó a los discípulos"* (Mateo 14, 19).

Caminata sobre las aguas:

- A la madrugada, Jesús fue hacia ellos, caminando sobre el mar. Los discípulos, al verlo caminar sobre el mar, se asustaron. «Es un fantasma», dijeron, y llenos de temor se pusieron a gritar. En seguida Jesús les dijo: «Ánimo, no teman, que soy yo.» Pedro contestó: «Señor, si eres tú, manda que yo vaya a ti caminando sobre el agua.» «Ven», le dijo Jesús. Y Pedro, bajando de la barca, comenzó a caminar sobre el agua en dirección a él... (Mateo 14, 22-36).

La tempestad calmada:

- De pronto se levantó un gran temporal y las olas se estrellaban contra la barca, que se iba llenando de agua. Mientras tanto Jesús dormía en la popa sobre un cojín. Lo despertaron diciendo: «Maestro, ¿no te importa que nos hundamos?» *El entonces se despertó. Se encaró con el viento y dijo al mar: «Cállate, cálmate.» El viento se apaciguó y siguió una gran calma.* Después les dijo: «¿Por qué son tan miedosos? ¿Todavía no tienen fe?» (Marcos 4, 35-41).

En todas esas intervenciones nadie le pide a Jesús que haga algo respecto a cada situación. Sin embargo, Jesús toma la iniciativa y realiza *"prodigios"*. Estas intervenciones pertenecen a lo que se ha tipificado como milagros de la naturaleza, y que son considerados como *"el poder sobre la materia inanimada o su capacidad de modificarla, en oposición al poder sobre las personas vivas"*, como ya se dijo anteriormente cuando se hacía las clasificaciones de los milagros (página 16). Lo curioso está en que son los que merecen menos crédito histórico, según opinión de algunos estudiosos[4], sino *"manifestaciones"*.

La permanencia de la Ley:

---

[4] Cfr. Jesús Peláez, *Los milagros de Jesús en los evangelios sinópticos. Morfología e interpretación*, Ed. Verbo Divino, Valencia 1984, pp. 27-55.

Tal vez, quede implícito en la actividad de Jesús, la permanencia de la Ley del pueblo de Israel, como la de Levítico 19, 31: *"No se dirijan a los brujos ni a los que llaman a los espíritus; no los consulten no sea que con ellos se manchen: ¡Yo soy Yavé!"* (cfr. Lv. 20, 6-27; Nm. 18, 11).

Taumaturgos en el Antiguo Testamento:

Ya se ha dicho que Moisés, Elías y Eliseo; se suma a ellos Isaías, Daniel y Jonás.

a) Moisés:

"Y si no creen todavía con los dos prodigios y no te hacen caso, toma agua del río y derrámala; en cuanto toque el suelo, el agua del río se convertirá en sangre" (Ex. 4, 1-9, 28; 7, 3; 10, 1-2; 11, 9-10; etc.). Es decir, toda la historia de las plagas de Egipto, como también el paso del Mar Rojo, con la división de las aguas.

b) Elías:

"Entonces Elías tomó su manto, lo enrolló y golpeó con él el agua y ésta se dividió, de modo que ambos atravesaron en seco" (2 Re. 2, 8).

c) Eliseo:

El milagro del aceite realizado por Eliseo; también el milagro de la curación de Eliseo que hace de Naamán (caps. 4 y 5 del segundo libro de los Reyes, respectivamente).

Ahora, vamos a dedicarnos al exorcismo, que es a lo que queremos llegar.

 Exorcismos; no

"Milagro"

Dos son las posturas frente al milagro: la de la negación "a priori", por un lado; y por otra parte, la de más bien que el milagro es el producto de un desarrollo cristológico efectuado bajo el influjo de la fe en Jesús, cuya finalidad fue la de presentarlo como un taumaturgo u hombre divino, a la manera de los hombres divinos de la época.

En la historia de la Iglesia, desde los Evangelistas hasta los Padres de la Iglesia, insisten ante todo en el carácter de *"signos de salvación"* que tienen los milagros, considerándolos desde el punto de vista de la fe. Es una postura dogmática y apologética: se interesan ante todo por el encuentro del creyente con Dios a través de este signo que se le dirige, sin plantearse ni cuestionar en modo alguno su posibilidad y dando por supuesta su historicidad.

Un milagro, según la postura racionalista, es la violación de las leyes matemáticas, divinas, inmutables, eternas. Por esta sola razón, un milagro es una "contradicción in terminis" (Espinoza y Voltaire, entre otros). Esto lleva a buscar precisar algunos elementos para comprender la realidad del milagro en los Evangelios.

Definición de milagro:

La primera definición de milagro es "un evento no común, sorprendente o extraordinario que, en principio, es perceptible a cualquier observador interesado e imparcial".

Segunda definición es "un suceso que no encuentra explicación razonable en las habilidades humanas o en otras fuerzas conocidas que actúan en nuestro mundo de tiempo y espacio"

La tercera es "un evento resultante de un acto especial de Dios, haciendo lo que ningún poder humano consigue hacerlo".

¿Realmente suceden los milagros?: En relación a la salud mental:

Hoy es difícil creer en el milagro, entendido como mutación de las leyes naturales. En la mentalidad de los antiguos, por lo demás, todo era milagro. Si Dios caminaba con el pueblo, podían justificar las acciones grandiosas de él a favor de los suyos, como, por ejemplo la liberación en el éxodo, las plagas de Egipto, hasta la encarnación de Jesús en la historia. Mantenerse en comunión con Dios era la garantía de su favor.

Hoy, en algunos ambientes y culturas, se cuestiona sobre todo el concepto de salud y de enfermedad: ellas no están relacionadas solamente con el cuerpo, lo físico, pues la persona es sana cuando está bien psíquicamente así como físicamente. Investigaciones recientes, demostraron que la mayoría de nuestras dolencias (hasta el 70-80%) son consecuencias somáticas de problemas psíquicos: se trata de las llamadas dolencias psicosomáticas. La curación de estas dolencias no se dará, por lo tanto, solamente a través del uso de remedios químicos, sino que se tendrá que trabajar también lo psicológico, el interior, devolviéndole la serenidad, la tranquilidad, la esperanza, la confianza, la fe.

En relación a la religión como sanación:

Existen también traumas antiguos, origen de bloqueos en el normal desenvolvimiento de las personas, generando los más variados problemas físicos, como la incapacidad de hablar, de caminar, etc. En estos casos, solamente una *"regresión reorganizadora"* podrá traer la solución de los problemas. El contexto religioso facilita tal regresión: el clima de oración de grupo, el calor comunitario, la acogida benevolente e incondicional, la posibilidad de transfer colectivo en relación al líder (sacerdote, pastor, psicólogo), la fuerza positiva, 'mágica' y psicológica de la palabra del líder ("Espíritu mudo y sordo: yo te lo ordeno: ¡sal y nunca más entres en él!", Mc. 9, 25), la identificación con páginas bíblicas (donde son depositados) los fantasmas individuales generados por los conflictos individuales: todo esto ayuda a la persona a retroceder hasta la causa psicológica del problema y, en varios casos, a removerla, trayendo el fin de la somatización. La curación, en ciertos casos, repentina y sorprendente del problema, puede ser saludada como un milagro: ¡y realmente de un milagro se trató!

En relación al diablo:

Una no-persona:

Para la filosofía él diablo es "la no-persona", la ausencia de bien, que, no teniendo subsistencia, sería solamente un accidente

Exorcismos; no

(privatio boni ex summum bonum). La teología cristiana afirma la existencia de un ser-personal-responsable por el mal en el mundo. La figura del diablo carga un gran valor simbólico, fundamental para su interpretación. Toda imagen es una construcción cultural, un conjunto de símbolos que visualizan y sintetizan lo que es considerado como negativo y perjudicial para un determinado grupo social. La función de las imágenes es importante, porque ellas, de cierta forma visualizan, dan rostro y nombre a las 'amenazas' y 'enemigos', responsabilizándolos por el mal. El peligro de fuga de las responsabilidades está presente en este proceso simbólico.

Una demonización del que es diferente:

Existe también, el riesgo de la 'demonización' del otro, sobre todo del diferente. En este sentido, la definición de lo que es 'normal', el patrón de comportamiento social y moral y la consecuente 'demonización' del diferente, es una afirmación de hegemonía política, social, cultural y religiosa. En nombre de esto, desde siempre 'los otros' son tachados de herejes, brujas, demonios, y eliminado hasta físicamente. Este tipo de demonio está en nosotros y es fruto de nuestra incapacidad de lidiar con lo plural, lo diferente, el otro.

Jesús y los milagros

El Jesús histórico, ¿hizo milagros?

Por un lado, es prácticamente imposible responder a tal cuestión, por no tener acceso a las fuentes directas. El Jesús que encontramos en los evangelios y en las otras fuentes, es el Jesús de la fe de los cristianos de la segunda o tercera generación. La imagen del Jesús milagrero y taumaturgo, representan lo que ellos pensaban que fue Jesús. Sin embargo, se destacan dos elementos: primero, la presencia del poder de Dios en los milagros operados por Jesús, que los hacen señales/signos de la proximidad del reino; segundo, la asimilación de Jesús, sobre todo a Elías, el profeta escatológico de los últimos tiempos que, por la tradición, era considerado realizador de milagros.

Por otra parte, Jesús no tuvo en su tiempo la exclusiva de los milagros, pues según el Nuevo Testamento también obraron milagros (ya fuesen curaciones, resurrecciones de muertos o exorcismos) los discípulos de Jesús, Pablo, los adeptos de los fariseos (Lc. 11, 19), un personaje anónimo que no pertenecía al grupo de discípulos (Lc. 9, 49) y diversos miembros de las comunidades cristianas primitivas que tenían el don de curaciones o de exorcismos (1 Cor 12, 9.10.28-30; 2 Sant 5, 14-16). Por lo demás, de los falsos mesías y profetas se dice en los evangelios que harán señales y prodigios que no hay que creer (Mc. 13, 22; Mt. 24, 24). Sin olvidar que ya en el Antiguo Testamento hubo grandes manifestaciones, como se ha dicho anteriormente.

Esto nos obliga a dividir este capítulo en dos secciones: el carácter literario, por un lado; y la historicidad de los milagros de Jesús, por otro lado.

Carácter literario:

Es preciso, en todo caso, comprender que en los evangelios sinópticos son varios los términos que aluden al milagro en sí, al poder del taumaturgo o a la reacción de los presentes.

Exorcismos; no

Usos de las palabras "milagro" (o sus equivalentes) en los Evangelios:

Obras potentes:

Así tenemos que *"dynamis"*[1] (fuerza o actuación con fuerza; en plural, *dynameis* obras potentes) es el término más común en los sinópticos para referirse al poder curativo de Jesús manifestado en exorcismos o curaciones (cfr. Mc. 6, 4; 9, 39; Lc. 4, 36; 5, 17; 6, 19; 9, 1). De treinta y siete veces que aparece en los sinópticos esta palabra, diecisiete se emplea en este sentido. Este término no aparece ni en los relatos de reanimación de cadáveres ni en los milagros de naturaleza. Con un significado semejante aparece la expresión ta erga (obras) en Mt. 11, 2.19 y Lc. 24, 19.

Maravilla:

"Thauma" (maravilla) no aparece en los sinópticos, pero sí sus derivados thaumazô, thaumastos y thaumasion. En siete ocasiones (de veintitrés) se utiliza thaumazô, "admirarse", para indicar la reacción de los presentes ante diversas obras de poder de Jesús; thaumasion "admirable" aparece una vez en Mt. 21, 15, referido a las curaciones de ciegos y cojos realizadas por Jesús, por lo que tienen de admirables; thaumastê (admirable) aparece dos veces en la cita del Sal 118, 22-23, indicando una actuación sorprendente de Dios (cfr. Mt. 21, 42 y su paralelo Mc. 12, 11). El término paradoxon, con el sentido de algo admirable por inesperado, se utiliza en Lc. 5, 26 tras la curación del paralítico donde los presentes comentan: "hemos visto cosas increíbles (paradoxa)".

Prodigio:

"Teras" (prodigio) aparece dos veces en plural formando pareja con sêmeion (señal), en la expresión sêmeia kai terata (señales y prodigios). Esta expresión, aunque en orden invertido, terata kai semeia, es típica de Éxodo y Deuteronomio, donde se alude con ella a los prodigios que Dios hizo con el pueblo en el desierto, como signos de su presencia. Sin embargo, los tiempos en que el pueblo necesitaba

---

[1] Cfr. Jesús Peláez, *Los milagros de Jesús en los evangelios sinópticos: Posibilidad e historicidad*, Universidad de Córdoba, España.

prodigios y señales han quedado atrás para los evangelistas, pues sêmeia kai terata tiene un valor negativo en los sinópticos y se refiere a señales aparatosas y prodigios en el cielo que no se han de creer y que realizarán los falsos profetas y mesías para confundir a los elegidos (cfr. Mt. 22, 24 y su paralelo Mc. 13, 22).

Signo, señal:

"Sêmeion" (signo, señal), sin formar pareja con teras, aparece veintisiete veces en los evangelios sinópticos e indica frecuentemente una señal o acontecimiento extraordinario o significativo. Suele tener sentido peyorativo: una señal que piden a Jesús sus enemigos y que Jesús no dará. Así en Mt. 16, 1-4 (cfr. 12, 38; Mc. 8, 11-12; Lc. 11, 29-32) se dice que "salieron unos fariseos y empezaron a discutir con él, exigiéndole, para tentarlo, una señal (sêmeion) del cielo. Dando un profundo suspiro dijo: (Cómo, esta generación exige una señal (sêmeion)? Os aseguro que a esta generación no se le dará señal (sêmeion) (Mc. 8, 11)". Previamente el evangelista ha presentado a Jesús dando de comer a los judíos (primer reparto de panes, Mc. 6, 30-44) y a los paganos (segundo reparto, Mc. 6-8). Los fariseos no aceptan un mesías que sitúe por igual a judíos y paganos y dé a ambos de comer; por eso le piden una señal de poder al estilo de las de Moisés (13).

Jesús se niega a hacer señales o prodigios. Estos tienen poco o nada que ver con el milagro, quedando desacreditados por Jesús En los evangelios aparece de modo claro que Jesús no acepta el milagro como "espectáculo" o signo de poder, y no se presta al juego.

La cantidad de los milagros de Jesús:

Todos reunidos suman cincuenta y ocho relatos diferentes que narran veintisiete[2] milagros distribuidos de este modo: dieciocho en Marcos, diecinueve en Mateo y veintiuno en Lucas. No deben considerarse relatos de milagro, a saber: los dos repartos de panes, Jesús camina por el mar y la pesca abundante, por lo que en realidad los evangelios sinópticos contienen cincuenta y cuatro relatos de milagro que narran veinticuatro milagros distintos.

Otro tanto sucede respecto al número de beneficiarios de las curaciones efectuadas por Jesús, pues varía igualmente según

---

[2] Cfr. Jesús Peláez, *Los milagros de Jesús en los evangelios sinópticos*

 Exorcismos; no

versiones: Mc. 10, 46 habla de un ciego; Mt. 20, 30, de dos; Mc. 5, 2, de un poseso; Mt. 8, 28, de dos; Mc. 1, 39-45, de un leproso que en Lc. 17, 11-19 son diez. En la escena del huerto de Getsemaní, solamente en el evangelio de Lucas (22, 47-53) cura Jesús la oreja del siervo del centurión; Mc. 14, 43-52 y Mt. 26, 47-56 refieren la intervención violenta, pero no la curación.

Milagros que quedaron incompletos:

Por otra parte, hay que considerar algunos milagros no realizados, o que quedaron incompletos, ya que no se dice si se hicieron o no; como por ejemplo, la escena del impuesto del templo en la que se recoge la orden de Jesús a Pedro: "*ve al mar y echa el anzuelo; coge el primer pez que saques, ábrele la boca y encontrarás una moneda; cógela y págales por mí y por ti*" (Mt. 17, 24-27). Este relato queda interrumpido aquí y no se dice si Pedro ejecutó la orden y si encontró lo que Jesús le había dicho. Si es un relato de milagro, no está completo. De igual modo el relato de la maldición de la higuera que queda seca (Mc. 11, 12-14. 20-25 y su paralelo Mt. 21, 18-22) no beneficia a ninguna persona (tampoco a la higuera) y es, a juicio de los autores, una alegoría sobre la fuerza operativa de la fe y una invitación a creer.

Algunas complicaciones:

No son relatos de milagro las perícopas evangélicas que se incluyen dentro del género de lo "*maravilloso o extraño*": algunas de ellas, como la resurrección, la ascensión o la concepción virginal, no pueden ser objeto de estudio histórico, dadas las dificultades que ofrece el género literario que las envuelve; otras, como la transfiguración o la teofanía en el bautismo, están tan cargadas de conceptos o imágenes del AT que pueden considerarse más que hechos acaecidos, lenguaje figurado altamente simbólico.

Ahora, pasemos a la pregunta de si ¿Jesús, realizó, o no realizó milagros?

La historicidad de los milagros

Esto lleva a plantearse, igualmente, la pregunta si Jesús fue taumaturgo, o si los que escribieron sobre él y su actividad le dieron un carácter taumaturgo.

Los milagros de Jesús según el propio Jesús:

Fracaso de Jesús:

Las tres ciudades:

"Se puso entonces a recriminar a las ciudades donde había hecho casi todas sus potentes obras, por no haberse enmendado: "Ay de ti, Corozaín; ay de ti, Betsaida! Porque si en Tiro y en Sidón se hubieran hecho las potentes obras que en vosotras, hace tiempo que habrían mostrado su arrepentimiento con sayal y ceniza. Pero os digo que el día del juicio les será más llevadero a Tiro y a Sidón que a vosotras. Y tú, Cafarnaún, piensas encumbrarte hasta el cielo? Bajarás al abismo (Is 14, 13-15); porque si en Sodoma se hubieran hecho las potentes obras que se han hecho en ti, habría durado hasta hoy. Pero os digo que el día del juicio le será más llevadero a Sodoma que a ti" (Mt. 11, 20-24 = Lc. 10, 13-15).

Estos milagros deberían haber llevado a sus habitantes a la enmienda. Sin embargo Jesús fracasó en su objetivo, pues sus habitantes no se arrepintieron. Se refiere Jesús al fracaso de su actividad taumatúrgica cuyo fin era la conversión al evangelio de las tres ciudades citadas.

Jesús se defiende como no exorcista:

"Si yo echo los demonios con poder de Belcebú, vuestros adeptos, ¿con poder de quién los echan? Por eso, ellos mismos serán vuestros jueces. En cambio, si yo echo los demonios con el Espíritu de Dios, señal que el reinado de Dios ha llegado hasta vosotros. ¿Cómo podrá uno meterse en la casa del fuerte y saquear sus bienes si

primero no lo ata?" (Mt. 12, 22-28; Mt. 12, 22-36; Lc. 11, 20; Lc. 11, 14-26).

Había curado a un endemoniado ciego y mudo. Los fariseos afirman que lo ha hecho con el poder de Belcebú, jefe de los demonios. Jesús se defiende del ataque con estas palabras: "Todo reino dividido queda asolado, y ninguna ciudad o familia dividida podrá mantenerse en pie. Pues si Satanás echa a Satanás, es que se ha enfrentado consigo mismo; y entonces, ¿cómo podrá mantenerse en pie su reinado? Además, si yo echo los demonios con poder de Belcebú, vuestros adeptos, ¿con poder de quién los echan? Por eso ellos mismos serán vuestros jueces..."

Según este texto, Jesús se consideró exorcista, si bien sus adversarios pensaban que actuaba con el poder de Belcebú, príncipe de los demonios. Para muchos autores, la afirmación de que el poder de Jesús proviene de Satanás no pudo haber sido inventada por la comunidad y confirma la autenticidad histórica de su actuación como exorcista.

La llegada del Reino:

"Juan se enteró en la cárcel de las obras que hacía Jesús y mandó dos discípulos a preguntarle: ¿Eres tú el que tenía que venir o esperamos a otro? Jesús les respondió: Id a contarle a Juan lo que estáis viendo y oyendo: Ciegos ven y cojos andan, leprosos quedan limpios y sordos oyen, muertos resucitan y pobres reciben la buena noticia (Is 26, 19). Y ¡dichoso el que no se escandalice de mí!..." (Mt. 11, 2-6 (7-19); Lc. 7, 18-23).

En los tres textos comentados, Jesús habla de sus exorcismos y curaciones. En el tercero, de ciegos que ven, cojos que andan, leprosos que quedan limpios, sordos que oyen, muertos que resucitan... al mismo nivel de pobres que reciben la buena noticia (la liberación es el milagro: nivel simbólico). Todos estos hechos muestran que el reinado de Dios ha llegado.

El mesías esperado:

Por otra parte, hay que considerar la idea que se tenía sobre el Mesías esperado y su carácter de taumaturgo, como Moisés, Elías y Eliseo, que hubiese llevado necesariamente a la idea de un Cristo que sobrepasara a todos ellos en poderes sobrenaturales (cfr. Is 35, 5 ss).

En cuanto Mesías, Hijo del Hombre, Hijo de Dios, Rabbí (Mt. 23, 8.10); o hijo de David, evocando a Salomón, personaje cuya sabiduría, según ciertas concepciones populares judías, incluía los dones de exorcismo y curación, el tema de un Mesías taumaturgo no estaba suficientemente afianzado como para hacer surgir de la nada un Jesús curador como consecuencia obligada de su mesianidad.

Entonces, ¿Jesús era o no era un taumaturgo?

Sólo queda decir con E. Trocmé, que: "Si hay en la tradición numerosos relatos de curaciones milagrosas y exorcismos, es ciertamente porque Jesús actuó como sanador en un cierto número de situaciones y se ganó una reputación de poder y de generosidad ante sus paisanos y ante los pescadores de Galilea, para quienes los males más graves eran incurables con los remedios habituales". Ya en el relato de los Hechos de los Apóstoles aparece una reafirmación de parte de los Apóstoles: *"Israelitas, escuchad estas palabras: A Jesús, el Nazoreo, hombre acreditado por Dios entre vosotros con milagros, prodigios y señales que Dios hizo por su medio entre vosotros, como vosotros mismos sabéis..."* (Hch. 2, 22).

A MODO DE CONCLUSIÓN:

Respecto a la historicidad de cada relato de milagro en particular, hay que admitir que cada relato merece un estudio histórico detenido, especialmente aquellos que se encuentran en contexto polémico, como los relatos de exorcismo y curación, que parecen tener un gran carácter de verdad desde el punto de vista histórico, y que es el tema que nos interesa en este estudio.

Por otra parte, no se puede negar que Jesús de Nazaret era un taumaturgo (cfr. Hch 2, 22 y 20, 38). Pero su actividad taumatúrgica no debió ser tan llamativa como para considerarlo causa de su muerte.

Sin embargo, es importante marcar las fronteras entre taumaturgia y el milagro. E, igualmente, diferenciarlo de la magia (*thauma*).

El caso es, que en la acción de Jesús respecto a algunas curaciones, "se trata primariamente de la curación de padecimientos psicógenos, principalmente de las que los textos califican de expulsiones de demonios, realizadas por Jesús con una breve orden; pero se trata también de la curación de leprosos en el sentido amplio en que entonces se entendía esta enfermedad, de paralíticos y ciegos. Se trata de acontecimientos que están en la línea de lo que la medicina

 Exorcismos; no

llama terapia de superación" (cfr. Joachim Jeremias, *Teología del Nuevo Testamento*).

Como se señala en el Vocabulario de teología bíblica, publicado bajo la dirección de Xavier Leon-Dufour[3], no hay que poner en duda casos muy claros de posesión (Mc 1, 23s 5, 6), hay que tener en cuenta la opinión de la época, que atribuía directamente al demonio fenómenos que hoy son de la esfera de la psiquiatría (Mc 9, 20ss). Sobre todo, hay que recordar que toda enfermedad es signo del poder de Satán sobre los hombres (Lc 13, 11), según se creía en la época.

Sin detenerse a distinguir lo que es enfermedad natural de lo que es posesión demoníaca, Jesús «expulsa a los espíritus y cura a los que están enfermos» (Mt 8, 16). Las dos cosas van de la mano. Manifiestan igualmente su poder (Lc 6, 19) y tienen finalmente el mismo sentido: significan el triunfo de Jesús sobre Satán y la instauración del reinado de Dios en la tierra conforme a las Escrituras (Mt 11, 5). No ya que la enfermedad deba en adelante desaparecer del mundo; pero la fuerza divina que finalmente la vencerá está desde ahora en acción acá abajo. Por eso Jesús, ante todos los enfermos que le dicen su confianza (Mc 1, 40; Mt 8, 2-6), manifiesta una sola exigencia: que crean, pues todo es posible a la fe (Mt 9, 28; Mc 5, 36; 9, 23). Su fe en él implica la fe en el reino de Dios, y esta fe es la que los salva (Mt 9, 22;15, 28; Mc 10, 52)[4]. Jesús vino, en efecto, acá abajo, como médico de los pecadores (Mc 2, 17), médico que para quitar los achaques y las enfermedades los toma sobre sí (Mt 8, 17; Is 53, 4). Tal será en efecto el sentido de su pasión: Jesús participará de la condición de la humanidad doliente para poder finalmente triunfar de sus males.

Así adquiere todo su significado la conexión tan frecuente entre curaciones y exorcismos (Mt 8, 16). La liberación de los posesos es un caso privilegiado de esa victoria del «más fuerte» (Lc 11, 22), que todos los milagros realizan a su manera. Esta victoria pone a Jesús directamente en conflicto con el adversario, en un duelo que, comenzado en el desierto (Mt 4, 1-11), tendrá su episodio decisivo en la cruz (Lc 4, 13;22, 3.53) y sólo terminará en el juicio universal (Ap 20, 10), pero en el que es ya evidente la derrota diabólica (Mt 8, 29;

---

[3] *Vocabulario de teología bíblica*, publicado bajo la dirección de Xavier Leon-Dufour (1912-2007). Edición original: "Vocabulaire de théologie biblique", Paris, Editions du Cerf, 1962. Edición española: (Ed. Herder - 2001).

[4] Cfr. "Jesús ante la enfermedad", en *Vocabulario de teología bíblica*, X. Leon-dufour.

Lc 10, 18). El exorcismo es el signo eficaz por excelencia de la venida del reino (Mt 12, 28)[5].

---

[5] Cfr. "Los milagros en la vida de Jesús", en *Vocabulario de teología bíblica*, X. Leon-dufour.

Exorcismos; no

SEGUNDA PARTE

EL EXORCISMO

En el caso de Jesús:

Como ya se dijo (página 16), seis son las historias de exorcismos. Cinco son testimoniadas por Marcos: el endemoniado en la sinagoga (Mc. 1, 21-28; Lc. 4, 33-37), el endemoniado de Gerasa (Mc. 5, 1-20; Mt. 8, 24-34; Lc. 8, 26-39), la hija de la mujer siro-fenicia (Mc. 7, 24-30; Mt. 15, 21-28), el pequeño epiléptico (Mc. 9, 14-29; Mt. 17, 21-24; Lc. 9, 37-43), el endemoniado ciego y mudo (Mc. 3, 22; Mt. 12, 22-23; Lc. 11, 14-15). Y una en Lucas y Mateo, que Marcos no refiere: el relato del exorcismo del endemoniado mudo (Mt. 9, 32-34; 12, 22-23; Lc. 11, 14-15).

Esos datos son innegables. Aparecen en los Evangelios, como actividad de Jesús. Es parte de la historia de Jesús. No nos detenemos en nuestro intento en detallar los paralelos; es decir, Lucas y Mateo; sino que nos dedicaremos exclusivamente a los relatos dados por el Evangelio de San Marcos. No es por ningún interés especial como de credibilidad u otro elemento serio de estudio, sino, simplemente por comodidad. Esa es la razón; no otra. Porque, entre otras cosas, sería muy fatigadora la actividad comparativa de unos y otros detalles en la comparación entre los tres evangelistas; y eso haría muy extenso nuestro trabajo.

Algunos datos de consideración:

El elemento cultural:

Como estamos interesados en lo del exorcismo, es importante precisar algunas ideas sobre esos casos conocidos. Así, hay que decir que en todas las sociedades[1] preindustriales se dan con notable frecuencia lo que se llaman técnicamente *«estados alterados de conciencia»*. Estos son fenómenos de enajenación reversible, en los que el sujeto pierde el control de los miembros de su cuerpo, de sus emociones y de su voluntad; son fenómenos de disociación de la conciencia y conllevan alteraciones psíquicas (alucinaciones, amnesia, convulsiones, etc.) y corporales (sordera, mudez, parálisis). Estas personas entran en situación de «trance». Muchos de estos fenómenos

---

[1] Cfr. Rafael Aguirre, *La «Third Quest» ¿Una nueva investigación*, pp. 318-320.

    Exorcismos; no

afectan a gentes especialmente vulnerables, en especial mujeres sometidas a graves conflictos familiares y presiones sociales.

En el caso de los evangelios encontramos que Jesús libera de espíritus inmundos a personas débiles en el ámbito doméstico, niños y mujeres: Mc 7, 24-30; 9, 14-29; Lc 4, 38-39; 8, 2-3; 13, 10-17; exorciza a varones en lugares públicos o desiertos: Mc 1, 23-27 (sinagoga); 5, 1-21 (territorio pagano).

Las «*normas de pureza*» de muchas sociedades, especialmente en el judaísmo, eran, y son especialmente rígidas y estrictas, en la regulación de los comportamientos, sobre todo los sexuales y alimentarios. Muchos antropólogos encuentran una estrecha conexión entre esa sociedad social y el dominio corporal del individuo, y han descubierto que es normal que surjan problemas contra un orden social tan asfixiante, a los que buscan revelarse en rebeldía, como el bandido o el subversivo expresa la protesta como agresividad directa contra el sistema. Otra forma de protesta, es la del poseso, desquiciado psíquicamente, cuyos comportamientos asociales son tolerados porque no se le considera responsable y es despreciado, estigmatizado, según la cultura, como excéntrico, loco, endemoniado, poseído por espíritus impuros. Es una forma de protesta social aceptada, aunque no tomada en serio y, a la vez, funciona como una válvula de escape de contradicciones sociales. En el mundo judío del siglo I estos estados alterados de conciencia eran frecuentes y fácilmente podían ser interpretados como «posesión por espíritus impuros».

En ese sentido, ¿cómo interpretar los exorcismos de Jesús?

Jesús, ciertamente iba en contra del orden de entonces, y su proyecto era visto como una especie de reforma. Y como consecuencia de su palabra, poseía una notable autoridad moral ante el pueblo, porque era crítico con muchos de los constreñimientos sociales («tradiciones de los hombres que ocultaban la tradición de Dios»). En contra de eso, declaraba que en nombre de Dios, su programa de vida suponía unas relaciones sociales alternativas y suscitaba un movimiento de esperanza como en el caso de las famosas Bienaventuranzas. A este punto es muy importante el recurso que utiliza Jacob Neusner, en su libro *Un Rabino habla con Jesús*, en donde resalta el sentido revolucionario de Jesús en ir contra el Templo, contra la familia, y contra el sábado; por esas razones, entre otras Neusner no puede seguir a Jesús (en el imaginario de un Rabino que escuchaba El Sermón de la Montaña de Jesús).

Cuando los endemoniados son liberados de los espíritus impuros no se reintegran al orden social vigente, sino al movimiento alternativo del Reino de Dios que Jesús anuncia. Para la sociedad era cómodo que la protesta social se canalizase bajo la forma de «poseídos por Belcebú», porque quienes así eran etiquetados quedaban desautorizados y estigmatizados. La liberación de los espíritus inmundos no era solo privar a la sociedad de una válvula de escape, sino ponerla enfrente de una alternativa que rehabilitaba, desde unos valores nuevos, a unas gentes especialmente vulnerables.

El peligro, ciertamente, que representaba Jesús en el caso de los "exorcismos" es que no eran una curación de unos desgraciados, sino que tenían unas peligrosas consecuencias sociales y, por eso, las autoridades, que no niegan la realidad de los hechos de Jesús, buscan desacreditarle diciendo, al acusarlo de que "expulsa a los demonios por el poder de Belcebú".

El elemento social:

Movimiento de cambio:

Ya no se trata del estudio individual, sino de un grupo social. Y desde esta perspectiva, ya no se trata de ver a los "poseídos" y "exorcizados" de manera individual, sino del grupo que seguía a Jesús, como "el movimiento de Jesús" (algunos lo ha llamado el grupo "jesuseano"). Cabe distinguir así a los mismos fariseos y los saduceos, cada uno por su parte, como movimientos sociales, que representaban y recogían una expectativa social ante la tensa situación existente en Palestina. Igualmente, hay que distinguir en esa división los movimientos mesiánicos y los movimientos proféticos, teniendo entre ellos sus diferencias. En el caso de los movimientos mesiánicos aspiraban al poder; mientras que los movimientos proféticos expresaban las ansias de salvación de sectores populares marginados. Este segundo grupo entendía la salvación como una transformación del mundo radical e inminente por obra de la intervención divina; aspiraban con un profeta o líder carismático; y eran vistos como peligrosos por las autoridades políticas hasta el punto de que eliminan al líder para aniquilar el movimiento.

Por esa misma línea del segundo grupo se encontraba el grupo de Jesús, que surge en un momento de crisis acelerada y expresaba anhelos e intereses de grupos marginados. Una de sus características es la protesta contra el orden constituido, proponiendo

    Exorcismos; no

un cambio radical para un futuro próximo, que será obra de Dios. Tiene la figura del profeta carismático, en Jesús de Nazaret, que abre la perspectiva de una alternativa social radical, y le da a los sectores marginados, que en él se reconocen, la conciencia de una nueva identidad y la esperanza de un protagonismo que les era negado (Lc 22, 30; Mt 19, 28).

Su líder es el reflejo del movimiento:

Este personaje, tiene algunas características que son el reflejo del grupo que lo seguían. Así, el mismo Jesús es un marginado, que no tiene hogar, que lleva una vida itinerante y desinstalada, que es pobre y no tiene dinero, ; y que propone valores alternativos como el amor a los enemigos, la no violencia, y el servicio más humilde.

Esa experiencia se ha llamado en sociología, la "autoestigmatización"[2]. Esta es tarea fundamental del líder carismático. En Jesús descubrimos un claro proceso de autoestigmatizción. Es el rechazo lo que va a identificar a los seguidores de ese nuevo movimiento. Y eso mismo es lo que los va a fortalecer, por sobre toda otra experiencia, convirtiéndose en una experiencia fuertemente religiosa.

Es en esa caracterización que hay que situar a los "poseídos" o "exorcizados", como una parte del grupo de los que seguían a Jesús y su movimiento. No se está diciendo con ello, que los que seguían a Jesús habían tenido experiencia de poseídos, o eran todos "desquiciados"; sino que el grupo de seguidores de Jesús, surge en un momento de crisis acelerada que expresaba anhelos e intereses de grupos marginados, con la característica de suponer una especie de protesta contra el orden constituido. Y en ese grupo muchos habían tenido la experiencia de liberación de sus males, que por la concepción cultural del momento, eran atribuidos a malos espíritus y al demonio.

Esto, igualmente, nos lleva a intentar precisar las ideas y las actividades en relación a ese tipo de experiencia en relación con la persona de Jesús, y su mensaje del Reino de los Cielos.

---

[2] Además del libro ya citado de Rafael Aguirre, véase el libro del mismo autor, *Del movimiento de Jesús a la Iglesia cristiana, Ensayo de exégesis sociológica del cristianismo primitivo*, Editorial Verbo Divino, España, 2009. Igualmente, sus conferencias en Madrid 2010, en SEUT (Seminario Evangélico Unido de Teología) titulada *La Biblia y la exégesis sociocientífica*. También, Santiago Guijarro Oporto, *El Jesús histórico*, capítulo 7: Los Exorcismos de Jesús.

Casos de exorcismos de Jesús:

Lo primero que de inmediato tenemos que hacer es definir lo que es exorcismo. Se define como exorcismo el conjuro para expulsar al demonio de la persona que se cree poseída por él o de otro lugar[3].

En el caso de Jesús, es en el Evangelio de San Marcos donde más aparece la actividad exorcista de Jesús. Al punto de que según San Marcos, Jesús es fundamentalmente el exorcista, y San Marcos lo va a poner de manifiesto desde el principio de su obra. Así la primera misión que Jesús cumple en favor de los hombres consiste, de hecho, en un exorcismo en la sinagoga de Cafarnaúm (Mc 1, 21-28). El anuncio de la Buena Noticia, también, está unido íntimamente con el dato de la liberación de los demonios (Mc 1, 27.39). De allí la controversia con Jesús, a quien califican de aliado de Belcebú (Mc 3, 20-30), el príncipe de los demonios.

Los dos primeros exorcismos de San Marcos:

Nos dedicaremos de inmediato a los dos primeros episodios de exorcismos: el de la Sinagoga de Cafarnaúm, y el del endemoniado de Gerasa. Buscaremos sus parecidos y sus diferencias entre el primero y el segundo relato de exorcismo en el Evangelio de San Marcos, primeramente. Y después, haremos un estudio comparado entre el primer caso y el cuarto, porque hay elementos similares que la valen la pena resaltar (página 110 y siguientes).

En la Sinagoga de Cafarnaúm (Mc. 1, 21-28):	El endemoniado de Gerasa (Mc 5, 1-20):
Llegaron a Cafarnaúm… Entró en aquella sinagoga un hombre que estaba en poder de un espíritu malo, y se puso a gritar: «¿Qué quieres con nosotros, Jesús de Nazaret? ¿Has venido a destruirnos? Yo sé que tú eres el Santo de Dios.» Jesús le hizo frente con autoridad: «¡Cállate y sal de ese hombre!» El espíritu impuro revolcó al hombre en el suelo y lanzó	Llegaron a la otra orilla del lago, que es la región de los gerasenos. Apenas había bajado Jesús de la barca, un hombre vino a su encuentro, saliendo de entre los sepulcros, pues estaba poseído por un espíritu malo. El hombre vivía entre los sepulcros, y nadie podía sujetarlo ni siquiera con cadenas. Varias veces lo habían amarrado con grillos y cadenas, pero él

---

[3] Diccionario de la lengua española © 2005 Espasa-Calpe

Exorcismos; no

un grito tremendo y luego salió de él. El asombro de todos fue tan grande que se preguntaban unos a otros: «¿Qué es esto? Una doctrina nueva, y ¡con qué autoridad! Miren cómo da órdenes a los espíritus impuros ¡y le obedecen!» Así fue como la fama de Jesús se extendió por todo el territorio de Galilea.

rompía las cadenas y hacía pedazos los grillos, y nadie lograba dominarlo. Día y noche andaba por los cerros, entre los sepulcros, gritando y lastimándose con piedras. Al divisar a Jesús, fue corriendo y se echó de rodillas a sus pies. Entre gritos le decía: «¡No te metas conmigo, Jesús, Hijo del Dios Altísimo! Te ruego por Dios que no me atormentes.» Es que Jesús le había dicho: «Espíritu malo, sal de este hombre.» Cuando Jesús le preguntó: «¿Cómo te llamas?», contestó: «Me llamo Multitud, porque somos muchos.» Y rogaban insistentemente a Jesús que no los echara de aquella región. Había allí una gran piara de cerdos comiendo al pie del cerro. Los espíritus le rogaron: «Envíanos a esa piara y déjanos entrar en los cerdos.» Y Jesús se lo permitió. Entonces los espíritus impuros salieron del hombre y entraron en los cerdos; en un instante las piaras se arrojaron al agua desde lo alto del acantilado y todos los cerdos se ahogaron en el lago…

Algunos detalles:

Los dos poseídos van donde Jesús:

"Entró en aquella sinagoga un hombre que estaba en poder de un espíritu malo", en el caso de la Sinagoga. Y, *"apenas había bajado Jesús de la barca, un hombre vino a su encuentro"*, en el caso de los gerasenos. Jesús no los busca. Son ellos los que van donde Jesús se encontraba: en la Sinagoga en uno; y en el otro, Jesús acababa de llegar a la ciudad.

El primer exorcismo se hace en la Sinagoga. Y el segundo, en un lugar distinto de la Sinagoga. Hay aquí ya una diferencia interesante de resaltar. El primero es en un ambiente judío. El segundo en un ambiente, no del todo judío: acababa de llegar al lugar, y venía en barca. Dos exorcismos en lugares distintos. Y, ¿eso, por qué?

Lugar:

En el primero, en Cafarnaúm. En el segundo, Gerasa.

Reciben la misma calificación:

En los dos casos hay clasificación: *"en poder de un espíritu malo"*, en el endemoniado de la Sinagoga; y, en el segundo *"estaba poseído por un espíritu malo"*. Estaban bajo el dominio de "un espíritu malo", en ambos casos. "En poder de", en uno; "poseído", en el otro.

a)   Los dos le gritan a Jesús colocándose a la defensiva:

En los dos casos, se ponen a la defensiva, y le piden a Jesús que no se meta con ellos: *"¿Qué quieres con nosotros...?"*, en el primero. Y, *"¡No te metas conmigo"*, en el segundo.

b)   Los dos llaman a Jesús por su nombre:

Después de colocarse a la defensiva, el primero lo llama y lo identifica; le dice: *"Jesús de Nazaret"*. Hay una ubicación: Nazaret. En el primer caso, además de tutear a Jesús, hay un reconocimiento, cuando el espíritu le dice: *"Yo sé que tú eres el Santo de Dios"*. Mientras que el segundo le dice: *"Hijo del Dios Altísimo"*, después de decirle *"Jesús"*; sin decir el lugar de donde viene Jesús. Y hay aquí una diferencia. Sólo nos queda preguntar en este caso: ¿Por qué esa distinción?

c)   Después de la familiaridad se pone distancia:

En ambos casos, después del reconocimiento hacia Jesús, hay un distanciamiento. En el primero al decir: *"Yo sé que tú eres el Santo de Dios"*; y en el segundo, al decir que es el *"Hijo del Dios Altísimo"*. Tal vez, en ese distanciamiento queda implícito la debilidad por parte del espíritu malo. Tal vez, esa misma debilidad esté resaltado en el hecho del segundo caso en que se postró de rodillas a los pies de Jesús, para pedirle que no se metiera con él.

          Exorcismos; no

d)   Jesús entra en diálogo con el espíritu de cada uno:

En los dos, Jesús da una orden con autoridad: *"¡Cállate y sal de ese hombre!"*, en uno; y en el otro: *"Espíritu malo, sal de este hombre"*.

Aquí es importante precisar que se da un tú a tú entre Jesús y el espíritu malo, que tenía sometidos a los dos hombres en particular. A esa altura del relato se da un dialogo como de entre iguales. En los dos casos han identificado a Jesús: uno como Jesús de Nazaret; y otro, como Jesús como el Hijo del Altísimo. Ya Jesús está reconocido por el espíritu malo. Ahora, Jesús los tutea. Se pone de igual a igual. Y en ese plano les da una orden. Sin embargo, entre los dos casos se nota también una diferencia, ya que en el primero, Jesús no le da ninguna calificación ni ningún nombre al espíritu malo; simplemente le dice *"cállate"*. Hay un tuteo, como diciendo "cállate tú". Tal vez se deba a que como en ese caso hay una especie de familiaridad entre el espíritu malo y Jesús, cuando el espíritu tutea desde un comienzo a Jesús, al decirle Jesús de Nazaret.

e)   En un caso no se pacta; y en otro si hay pacto:

Es de resaltar, igualmente, que en el primer caso no hubo conversación con el espíritu malo; en el primero, Jesús es tajante: *"¡Cállate y sal de ese hombre!"*. Mientras que en el segundo, sí hay una conversación entre Jesús y el espíritu malo. En el segundo caso, se da hasta una especie de trato, ya que el espíritu, desde un comienzo conversa con Jesús, primero, "a gritos", y después, le piden a Jesús que los dejen ir a la piara de cerdos. Y, Jesús accede a la petición. Por eso, podría decirse que hubo una especie de negociación.

f)   La salida es violenta en uno; y pactada en el otro:

La salida del espíritu malo en el caso de primer exorcismo, es violento: *"El espíritu impuro revolcó al hombre en el suelo y lanzó un grito tremendo y luego salió de él"*. Mientras, que en el segundo, no dice nada de cómo fue la salida, sino que dejaron al hombre y se metieron en los cerdos.

g) La fama de Jesús es distinta en cada caso:

En el primero, la gente quedó asombrada, y generó admiración; mientras que en el segundo caso, hubo una perdida de los cerdos, y su fama fue negativa, al punto de que le pidieron que se alejara de aquellos lugares.

Algunas aplicaciones:

Respecto al lugar del exorcismo:

Todo este recorrido para precisar parecidos y diferencias nos permite precisar algunas ideas útiles en nuestro intento. Así ante la diferencia del lugar entre el primero y el segundo exorcismo, nos permite ver que la actividad taumatúrgica de Jesús, no tiene límites ni fronteras; Jesús actúa en territorio judío y pagano. ¿No será la alusión al hecho de venir de la barca, después de cruzar el lago, una referencia de fronteras, en el caso del segundo exorcismo?

Respecto a la calificación de lugar y nombre:

Eso, por una parte. Y, por la otra, el hecho de que en el primer caso, el espíritu malo tenga la precisión de que Jesús es de Nazaret, y en el segundo, de que diga que es Jesús, sin relacionarlo con lugar o ciudad alguna, hace ya una diferencia importante en cuanto al prodigio como tal. Eso hace que haya una precisión, pues en el primero ubica la ciudad donde se realiza el prodigio, Cafarnaúm, y el lugar, la Sinagoga; mientras, que en el segundo no es específico, sino en la orilla del mar y como en lugar abierto e impreciso. Pareciera existir en ese detalle una clasificación, que está remarcada en el hecho de la voz de autoridad sobre "el espíritu malo". Así en el caso de la Sinagoga, Jesús es tajante: "*¡cállate y sal de ese hombre!*"; mientras que en el segundo, Jesús le da un nombre, como para nominarlo primero, y, por consiguiente, dominarlo después, al decirle: "*Espíritu malo, sal de este hombre*". Y en esa diferencia pareciera haber una precisión. Es decir, en el primero que era en un ambiente judío, todo era conocido: la

 Exorcismos; no

ciudad, el lugar, la Sinagoga, y todo ese ambiente que implicaría la circunstancia judía. Y en el segundo, la imprecisión del lugar y del espacio del prodigio. Tal vez, eso explique la especie de condescendencia que se da con "el espíritu malo" en la conversación y hasta en la especie de negociación al conceder que se alojaran en la piara de cerdos. Eso mismo puede quedar patente en las dos afirmaciones confesionales por parte del *"espíritu malo"*, pues en el primero dice: *"Yo sé que tú eres el Santo de Dios"*, y en el segundo: *"Jesús, Hijo del Dios Altísimo"*; quedando así realizada una enmarcación de los espacios, muy en especial de culturas, pues en el primero se trata de el Santo de Dios, expectativa y experiencia del pueblo judío, y ya se sabía; y en el segundo, se da una confesión y un reconocimiento al decir Hijo del Dios Altísimo, quedando la diferencia en el "del", como queriendo decir, del Dios que no es el nuestro pero que pueda que sea el verdadero Dios... Eso pareciera indicarse en los dos casos, en sus respectivas diferencias y especificidades.

Respecto a las consecuencias inmediatas:

Todo lo anterior se aplica, igualmente, en las reacciones provocadas después de cada prodigio, pues en el primero, genera asombro, y en el segundo, le piden que se vaya de la zona. Tal vez, porque en el primero, esas cosas eran conocidas y esperadas; y en el segundo, no se esperaban, y por el contrario, trae sus consecuencias incluso económicas, pues la piara de puercos y su muerte era un golpe fuerte a la pequeña economía de los que no eran judíos, que si comían cochino y se beneficiaban de su crianza.

Respecto a la persona exorcizada o curada:

Ahora, vayamos al hecho mismo del efecto inmediato de la sanación. En el caso del que esta bajo el poder del espíritu malo del hombre de la Sinagoga, dice que *"El espíritu impuro revolcó al hombre en el suelo y lanzó un grito tremendo y luego salió de él"*. ¿Qué sucedió, y que tenía exactamente el hombre? Pregunta por de más de interesante, porque es aquí donde están las divergencias interpretativas, ya que algunos afirmarán y sostendrán que se trataba del diablo; y otros, por su parte afirmarán que se trataba de un ataque de epilepsia, o de una especie de locura, pues el espíritu inmundo salió después de sacudirle violentamente (o producirle convulsiones) y dando alaridos. En el caso mismo del endemoniado de Gerasa, el hombre estaba loco, pues el mismo San Marcos apunta que *"El hombre vivía entre los sepulcros, y nadie podía sujetarlo ni siquiera con cadenas. Varias veces lo habían amarrado con grillos y cadenas, pero él rompía las cadenas y hacía pedazos los grillos, y nadie lograba dominarlo. Día y noche andaba por los cerros, entre los sepulcros, gritando y lastimándose con piedras"*. E, igual, se presentan las divergencias: endemoniado, para unos; y, loco, para otros[4]. En los dos casos, podría tratarse de enfermedades internas; es decir, mentales.

En los mismos evangelios encontramos expresiones parecidas, respecto a estar poseído y estar demente. Así, en el caso concreto de la misma persona de Jesús al decirle a los judíos que quien guardara su palabra no vería la muerte por toda la eternidad. Eso les parecía absurdo, totalmente increíble, y decían: *"Ahora sí que sabemos que tienes un demonio"* (Jn 8, 51). Expresiones parecidas se encuentran en otros muchos pasajes. Otros dijeron de Jesús que tenía un espíritu inmundo (cfr. Mc 3, 30) o que estaba endemoniado (cfr. Jn 10, 20). Que los judíos del tiempo de Cristo creían que estar loco o demente era lo mismo que estar poseído, se ve aún con mayor claridad en Jn10, 20. Ante otra expresión inaudita de Jesús, muchos de ellos decían: *"Está poseído, es decir, es un demente"*. Hay en los mismos evangelios pruebas de que la expresión *"estar poseído por demonios"* se refiere a los que padecían enfermedades internas, cuya causa natural la gente no podía percibir, y a todo el que parecía demente por su conducta o por las afirmaciones inauditas, totalmente increíbles, que pronunciaba.

Respecto al método del exorcismo o curación:

¿Sería eso mismo en el caso del hombre *"que estaba en poder de un espíritu malo"*, del primer caso de exorcismo del Evangelio de San Marcos? Lo curioso es que el método que usó

---

[4] Cfr. C.K. Barret, N. Perrin, R. Bultmann, J. Bonsirven, Strack-Billerbeck, J. Jeremias y muchos otros.

 Exorcismos; no

Jesús para curar[5] los "*poseídos por demonios*" es exactamente el mismo que empleó para todas las otras enfermedades: su palabra, su mandato, su autoridad. En Mt 18, 16 leemos: "*Al anochecer le, llevaron muchos endemoniados, y expulsó a los espíritus con su palabra, y curó a todos los enfermos*". Fue también con su palabra como curó a los afligidos con otras enfermedades (por ejemplo, al paralítico de Mc 2, 11-12), o poniendo las manos sobre ellos (Lc 4, 40), o meramente con su presencia (Lc 6, 19). En muchos de estos casos se incluyen también posesos (Lc 4, 41; 6, 18). En otras ocasiones hizo curas a distancia, como en el caso de la hija de la mujer cananea, que estaba poseída (Mt 15, 21-28; Mc 7, 24-30), y el hijo de un funcionario del rey (Jn 4, 43-54), y del criado del oficial (Mt 8, 5-13; Lc 7, 1-10), que no estaban poseídos.

No se puede dejar de mencionar como también "poseído" el caso de Judas Iscariote, en la Última Cena, en donde los evangelistas dicen que "*Satanás se apoderó de él*" (cfr. Jn. 13, 27; Lc. 22, 3). Se encuentra en ese hecho una contradicción, ya que Jesús, en los casos citados expulsa los demonios; mientras que en el caso de la Última Cena, pareciera que, por el contrario, lo propicia para inducir a una acción concreta, como dice el propio Evangelio de San Juan: "*Jesús le respondió: «Es aquel al que daré el bocado que voy a mojar en el plato». Y mojando un bocado, se lo dio a Judas, hijo de Simón Iscariote. En cuanto recibió el bocado, Satanás entró en él. Jesús le dijo entonces: «Realiza pronto lo que tienes que hacer*" (cfr. Jn. 13, 26-27). Eso podría incluso llevar a comprender a Judas y su traición... Pero es otro tema de estudio aparte.

Respecto a la palabra con autoridad de Jesús:

Por otro lado, está el mandato tajante de Jesús que hemos resaltado mucho en el hombre de la Sinagoga, y quedando implícito en el hombre de Gereza. Sin embargo, la misma palabra de orden tajante la usa Jesús cuando se dirige a los vientos (Mt 8, 26), al mar (Mt 8, 26) o a las olas (Le 8, 24), a Pedro (Mc 8, 32) e incluso a la fiebre que sufría la suegra de Pedro (Lc 4, 39). En cuanto a la palabra "*enmudece*" o "*cállate*", también la usa Jesús al dirigirse a los vientos y al mar o lago de Galilea (Mc 4, 34). La

---

[5] Cfr. J. B. Cortés, *Exorcismos y Liturgia.*

expresión, frecuente en los evangelios, de que los demonios salían de muchos posesos tiene cierto paralelismo con otras expresiones que no tienen nada que ver con posesos: "Y la dejó la fiebre" (Mc 1, 31), "se le marchó la calentura" (Jn 4, 52), "al instante se le fue la lepra" (Mc 1, 42; Lc 5, 13), o "inmediatamente le dejó la lepra". De manera, que la palabra con autoridad (tajante) de Jesús no es exclusividad en los casos de los dos endemoniados que hemos resaltado.

Otro tanto se aplica al poder y mandato de Jesús a los apóstoles y a los discípulos. Jesús les dio poder para curar toda clase de enfermedades (incluidas aquellas que entonces se atribuían a demonios), pero no para exorcizar. Un ejemplo bastará: *"Habiendo convocado a los doce apóstoles, les dio poder y autoridad sobre todos los demonios y para curar enfermedades"* (Lc 9, 1). De los versículos paralelos de Mateo y Marcos se puede inferir que el poder y autoridad sobre todos los demonios es equivalente al poder sobre todas las enfermedades. Marcos habla sólo de espíritus inmundos (6, 7), pero Mateo y Lucas lo extienden al poder sobre todas las enfermedades (Mt 10, 1). Pero, ese será el tema de la tercera parte de nuestro estudio. Pero lo referimos para colocar la igualdad de todos los casos (véase página 121).

Una nota extra:

Por otro lado, algunos han considerado que en el caso del endemoniado de Gerasa, especialmente en el Evangelio de San Marcos, hay una posible alusión a la situación política de la región, sobre todo en la palabra "legión" del relato[6], al estar el pueblo judío sometido por el imperio y milicia romanos.

El primer y el cuarto exorcismos del San Marcos:

No nos detenemos en el caso de la curación de la hija de una sirofenicia (cfr. Mc. 7, 24-30), por tratarse de una curación a distancia; y porque no hay muchos elementos de la curación como tal; cosa que no permite tener un escenario que nos ayude. Lo mismo se aplicaría exclusivamente a María Magdalena, de la que

---

[6] Autores, como: T. Reinach, G. Theissen, J. Gnilka, C. Focant, V. Taylor, M. J. Lagrange, J. Mateos – F. Camacho.

 Exorcismos; no

Jesús le había sacado siete espíritus, pero que no dice ni cuándo, ni la forma, ni el momento (cfr. Lc. 8, 2; Mc. 16, 9), al igual de algunas mujeres más, según los mismos Evangelios.

Algunos detalles:

Ahora, vamos a dedicarnos al estudio comparado del caso del endemoniado de la Sinagoga de Cafarnaúm con el del endemoniado epiléptico:

En la Sinagoga de Cafarnaúm (Mc. 1, 21-28):	El niño epiléptico (Mc. 9, 14):
Cállate y sal de ese hombre!» El espíritu impuro revolcó al hombre en el suelo y lanzó un grito tremendo y luego salió de él. El asombro de todos fue tan grande que se preguntaban unos a otros: «¿Qué es esto? Una doctrina nueva, y ¡con qué autoridad! Miren cómo da órdenes a los espíritus impuros ¡y le obedecen!» Así fue como la fama de Jesús se extendió por todo el territorio de Galilea.	Y ellos se lo trajeron. En cuanto vio a Jesús, el espíritu sacudió violentamente al niño, que cayó al suelo y se revolcaba, echando espuma por la boca. Jesús le preguntó al padre: «¿Cuánto tiempo hace que está así?». «Desde la infancia, le respondió, y a menudo lo hace caer en el fuego o en el agua para matarlo. Si puedes hacer algo, ten piedad de nosotros y ayúdanos». «¡Si puedes...!», respondió Jesús. «Todo es posible para el que cree».Inmediatamente el padre del niño exclamó: «Creo, ayúdame porque tengo poca fe». Al ver que llegaba más gente, Jesús increpó al espíritu impuro, diciéndole: «Espíritu mudo y sordo, yo te lo ordeno, sal de él y no vuelvas más». El demonio gritó, sacudió violentamente al niño y salió de él, dejándolo como muerto, tanto que muchos decían: «Está muerto». Pero Jesús, tomándolo de la mano, lo levantó, y el niño se puso de pie...

Se ha suprimido en el primer caso todo lo que ya se ha visto y resaltado, y nos hemos quedado solamente con la parte que nos interesa para la comparación.

a)   Parecidos y diferencias:

En ambos casos (del primero y del cuarto) hay un parecido. En los dos casos el afectado sufre violencia por parte del espíritu. Pero difiere en que el primero se trata de un *"espíritu malo"*; mientras que en el cuarto es *"un espíritu sordo y mudo"*. En el cuarto tiene una característica específica: es sordo y mudo. Otro parecido está en que el caso del endemoniado de la Sinagoga de Cafarnaúm y en el endemoniado epiléptico, es que en los dos casos, tanto el hombre como el niño, fueron "revolcados y tirados al suelo"; con la diferencia que en el del niño "echaba espuma por la boca".

b)   Un elemento nuevo en la orden:

En los casos primero y segundo no hay la orden de no regresar (en el del endemoniado-Sinagoga y endemoniado-Gerasa). El mandato es de salir, sin ningún condicionamiento. Sólo es de salir. Mientras que en el cuarto caso de exorcismo, hay un doble mandato: *"sal de él y no vuelvas más"*. Esa diferenciación parece interesante. Mandato doble: de salir y de no volver más.

c)   En el cuarto se da un diálogo con el padre:

- "Jesús le preguntó al padre: «¿Cuánto tiempo hace que está así?»".
- «Desde la infancia, le respondió, y a menudo lo hace caer en el fuego o en el agua para matarlo. Si puedes hacer algo, ten piedad de nosotros y ayúdanos».
- «¡Si puedes...!», respondió Jesús. «Todo es posible para el que cree»."

d)   Características del caso:

Los síntomas referidos por el Evangelista son característicos de la epilepsia (espumarajos, rechinar de dientes, quedarse rígido)[7]. Admitiendo que se trate de un caso de epilepsia,

---

[7] Cfr. SS Juan Pablo II, Catequesis de SS Juan Pablo II, *Significado salvífico de los milagros, Jesús mismo explica que el milagro de la curación del paralítico es signo del poder salvífico por el cual Él perdona los pecados* (Catequesis del 25 de noviembre de 1987). Cfr. Pierre Grelot, *Los milagros de Jesús y la demonología judía,* en Xavier

 Exorcismos; no

de la que Jesús cura al muchacho considerado endemoniado por su padre, es sin embargo, significativo que El realice esta curación ordenando al *"espíritu mudo y sordo: Sal de él y no vuelvas a entrar más él"* (Cfr. Mc 9, 17-27). Es una reafirmación de su misión y de su poder de librar al hombre del mal del alma desde las raíces.

Un detalle muy importante: no hay carácter moral:

Es de hacer notar una diferencia, en estos casos de "posesión"(el endemoniado en la sinagoga (Mc. 1, 21-28; Lc. 4, 33-37), el endemoniado de Gerasa (Mc. 5, 1-20; Mt. 8, 24-34; Lc. 8, 26-39), la hija de la mujer siro-fenicia (Mc. 7, 24-30; Mt. 15, 21-28), el pequeño epiléptico (Mc. 9, 14-29; Mt. 17, 21-24; Lc. 9, 37-43), es el hecho de que no aparece el carácter moral. Así, en el caso de otros prodigios, distintos de la expulsión de demonios, aparece la expresión y mandato de *"no peques más"*, o *"tus pecados te son personados"*. Mientras que no aparece ese mandato en los casos de exorcismos[8].

Algunas aplicaciones generales:

Primera aplicación:

Jesús da a conocer claramente esta misión suya de librar al hombre del mal y, antes que nada del pecado, mal espiritual. Es una misión que comporta y explica su lucha con el espíritu maligno que es el primer autor del mal en la historia del hombre. Como leemos en los Evangelios, Jesús repetidamente declara que tal es el sentido de su obra y de la de sus Apóstoles.

Así se manifiesta el poder del Hijo del hombre sobre el pecado y sobre el autor del pecado. El nombre de Jesús, que somete también a los demonios, significa Salvador. Sin embargo, esta potencia salvífica alcanzará su cumplimiento definitivo en el sacrificio de la cruz. La cruz sellará la victoria total sobre Satanás

---

Léon-Dufour, *Los milagros de Jesús según el Nuevo Testamento*, Ediciones Cristiandad, Madrid, 1977, pp. 65-68.

[8] Cfr. CL Fillion , *Los Milagros de Jesucristo*, El enigma explicado desde la perspectiva racional y la mirada religiosa, Círculo Latino, S. L, Editorial, 2005, Barcelona, España, pp. 367-368.

y sobre el pecado, porque éste es el designio del Padre, que su Hijo unigénito realiza haciéndose hombre: vencer en la debilidad, y alcanzar la gloria de la resurrección y de la vida a través de la humillación de la cruz. También en este hecho paradójico resplandece su poder divino, que puede justamente llamarse la "potencia de la cruz".

Forma parte también de esta potencia y pertenece a la misión del Salvador del mundo manifestada en los "*milagros, prodigios y señales*", la victoria sobre la muerte, dramática consecuencia del pecado. La victoria sobre el pecado y sobre la muerte marca el camino de la misión mesiánica de Jesús desde Nazaret hasta el Calvario.

Segunda aplicación:

Respecto a los exorcismos en los Sinópticos, y especialmente en Marcos, demuestra que si eliminamos o ignoramos los relatos sobre este tipo de fenómenos corremos el riesgo de desfigurar la imagen auténtica de Jesús. Además, no podemos olvidar que estas prácticas de Jesús son un símbolo de la presencia del Reino de Dios, que supone la derrota del señorío de Satanás.

A modo de conclusión:

De todo lo dicho y expuesto se puede deducir que es innegable los relatos de exorcismos en la actividad de Jesús de Nazaret. Y que es inseparable a la vida histórica de Jesús, vista e interpretada siempre como la instauración del Reino de los Cielos, cuya meta es la cruz, donde vence de manera definitiva al maligno, en clave de muerte redentora.

Sin embargo, es importante concluir que Jesús no utilizó formularios de exorcismos. Así, por lo menos, no se encuentran en los relatos que hemos presentado en este estudio. Una de las propiedades intrínsecas de todo exorcismo es la invocación de una divinidad o algo parecido para ejercer la fuerza liberadora. No se encuentra esta característica en los cuatro casos antes analizados. Se podría alegar, que no necesitaba hacerlo porque era Él mismo

 Exorcismos; no

era la propia fuerza, al ser el Hijo de Dios; pero ese elemento faltante, en todo caso, hay que resaltarlo.

Se ha considerado los relatos que hemos dado como los de actividad propiamente de exorcismo[9], según los criterios de clasificación de los estudiosos de la materia. Porque hay otros relatos que llevan a hacerse la idea de exorcismos, pero no de manera directa, sino en relación con enfermedades, como en los casos de la curación de la suegra de Pedro (cfr. Lc. 4, 39), con la expresión *"conminó a la fiebre"*; o en el mismo caso de San Marcos al Jesús extender la mano y tocar al leproso y curarlo (Mc. 1, 39-42), sobre todo en la afirmación del evangelista de que *"recorrió toda Galilea, predicando en sus sinagogas y expulsando los demonios"*; o el caso del ciego de Betsaida, a quien le toca los ojos (cfr. Mc. 8, 23); o cuando mete los dedos en los oídos y moja con saliva la lengua al mudo (cfr. Mc. 8, 23). A pesar de que no hay afirmación explícita de exorcismos en estos casos, no se puede descartar la relación que hay entre posesión demoníaca y enfermedad. Esa experiencia es constante en el propio Evangelio de San Marcos, al decir: *"Jesús sanó a muchos enfermos con dolencias de toda clase y expulsó muchos demonios; pero no los dejaba hablar, pues sabían quién era"* (Mc. 1, 34).

No se puede, pues, negar en los evangelios, especialmente en San Marcos, la relación que hay entre enfermedad y posesión diabólica. Y no se puede separar de la actividad de Jesús. Una de sus actividades típicas de Jesús es precisamente la de exorcista, por la que la gente grita admirada: «Manda hasta a los espíritus inmundos y le obedecen» (Mc 1, 27). Quien osa afirmar que Jesús recibe este poder del mismo diablo blasfema contra el Espíritu Santo (cfr. Mc 3, 22-30), pues Jesús expulsa los demonios precisamente «por el Espíritu de Dios» (Mt 12, 28). Como afirma san Basilio de Cesarea, con Jesús «el diablo perdió su poder en presencia del Espíritu Santo» (citado por el Papa Juan Pablo II, en la audiencia de los miércoles, el 3 de junio de 1998, 4c).

---

[9] Cfr. Pierre Grelot, *Los milagros de Jesús y la demonología judía,* en Xavier Léon-Dufour, *Los milagros de Jesús según el Nuevo Testamento,* Ediciones Cristiandad, Madrid, 1977, pp. 65-68.

TERCERA PARTE

¿Es posible el exorcismo hoy?

Escaso es el material sobre exorcismo en el Antiguo Testamento, que nos pueda ayudar para documentar casos parecidos. Se encuentran, por el contrario, casos de referencia de la acción de los espíritus maléficos, como en el libro de Isaías, en el primer libro de Samuel, y en el libro de Tobías. En Isaías, por ejemplo, aparece para calificar esa experiencia, llamándolo "sátiro" (Is 13, 21), o "Lilit", el demonio de las noches (Is 34, 14). En el mismo libro de Isaías aparece la alusión a esa práctica, pero es para burlarse de las prácticas utilizadas por los habitantes de Babilonia para alejar la ruina que se les avecinaba (Is 47, 9.12).

El libro primero de Samuel dice expresamente que, con el permiso del Señor, un espíritu maligno atormentaba a Saúl, de quien David tañendo el arpa alejaba (1 Sam 16, 14-23; 18, 10; 19, 9). En el libro de Tobías se nos habla de la posesión diabólica de Sara, cuyo demonio, no infligiendo a ella daño alguno, había sido el causante de la muerte de sus siete primeros maridos (Tob 6, 14).

No podemos dejar de lado, como es lógico en una mirada rápida al Antiguo Testamento, el caso del libro de Job (Jb. 1, 6); pero con la nota concreta de "el tentador"; aunque no se trate de posesión o de algo parecido. Pero, sirva como referencia, en todo caso, como para indicar que según el Antiguo Testamento, Dios no es el autor del mal, sino el diablo, como la contrafigura del bien querido por Dios. En ese mismo sentido se podría colocar el caso del demonio que entró en Judas después de que Jesús le diera del pan untado (cfr. Jn. 13, 27; Lc. 22, 3) y del mandato de hacer lo que tenía que hacer. Hay una permisividad.

Ahora bien.

El caso es preguntarnos sobre la posibilidad de la existencia del exorcismo en nuestros días. Ciertamente, los que sostienen la permanencia de esa práctica se fundamentarán en el mandato dado por el mismo Jesús, según el Evangelio de San Marcos: *"Subió al monte y llamó a los que él quiso; y vinieron donde él. Instituyó Doce, para que estuvieran con él, y para enviarlos a predicar con poder de expulsar los demonios"* (Mc. 3, 13-15). Por otra parte, los que ponen en tela de juicio esa facultad, a pesar de lo expresado en el Evangelio, negarán toda posibilidad de posesión y de existencia de espíritus, y colocarán a su favor todos los adelantos científicos, especialmente en relación a la psicología.

La tarea no es fácil. Cada postura llevará a colocar un sinfín de datos y experiencias acumuladas para defender cada una su predisposición respecto a este tema. No se trata de inducir a unos a creer, y a otros a dudar; sino de respetar las dos posturas, teniendo en consideración que eso no implica la fe y lo que ella significa. Como tampoco de considerar que haya que creer en esas "facultades", como elemento constitutivo de la fe. Pero el respeto, por sobre todo.

Dividiremos esta parte en dos capítulos: el primero tratará sobre los que sostienen que si es posible. Y el segundo, presentará la parte opuesta, valiéndonos de todos los datos posibles que nos permita presentar los elementos de la psicología, y todos los adelantos de la ciencia a favor de la mayor comprensión del hombre, buscando la manera de desmitificar lo que sea desmitificable; pero sin negar la dimensión del misterio de la fe.

Poder de expulsar los demonios dado por Jesús:

En este comienzo tenemos que colocar la afirmación del Evangelio de San Marcos, en donde se afirma que Jesús concedió esa facultad a los que él escogió. Dice: *"Instituyó Doce, para que estuvieran con él, y para enviarlos a predicar con poder de expulsar los demonios"* (Mc. 3, 13-15).

Pareciera desprenderse que de esa *"institución de Doce"* tiene como elemento implícito el hecho doble de predicar, con un carácter especial: "expulsar los demonios". ¿Será indisoluble al mandato-institución el poder de expulsar demonios? ¿La predicación implicará ese poder? ¿Cuál es el sentido de la predicación, y de cuál demonio se trata?

1)   En exclusividad: Doce:

En una lectura rápida de ese trozo del Evangelio de San Marcos, no queda que afirmar que se trata de un don especial, con exclusividad de *"Doce"*, entendiéndose por ese número a los

Apóstoles, por supuesto. Y si se aplica la idea de la apostolicidad y su línea, entonces, todos los Obispos tienen de por sí esa facultad, porque son los Obispos los continuadores de los Apóstoles, según los Documentos oficiales de la Iglesia. Dice, al respecto la Lumen Gentium, 25:

> Entre los oficios principales de los obispos se destaca la predicación del Evangelio. Porque son los obispos los pregoneros de la fe que ganan nuevos discípulos para Cristo y son los maestros auténticos, es decir, herederos de la autoridad de Cristo, que predican al pueblo que les ha sido encomendado la fe que ha de creerse y ha de aplicarse a la vida, la ilustran con la luz del Espíritu Santo, extrayendo del tesoro de la Revelación las cosas nuevas y las cosas viejas (cfr. Mt. 13, 52), la hacen fructificar y con vigilancia apartan de la grey los errores que la amenazan (cfr. 2 Tim, 4, 14).

En la Lumen Gentium, número 21, y en la Dei Verbum, número 10, se resalta, igualmente, el don recibido del Espíritu Santo, siendo ellos los ministros de Cristo y los dispensadores de los misterios de Dios (cfr. 1 Cor. 4, 1), y a ellos está encomendado el testimonio del Evangelio de la gracia de Dios (cfr. Rom. 15, 16; Act. 20, 24) y la administración del Espíritu y de la justicia en gloria (cfr. 2 Cor. 3, 89).

La iglesia lo ha comprendido así, a través de su historia, y lo compendia en los documentos del Concilio Vaticano II.

Si se aplica con rigurosidad lo dicho anteriormente, entonces, ¿significa, que, los Obispos (entendido como los continuadores de la exclusividad de los Doce) tienen el poder de expulsar demonios? ¿Por qué, entonces, no ejercen ese mandato y se dedican a montar tarimas para cumplir el encargo? Es grande y maravillosa la sorpresa al mirar y comprender que la Iglesia lo ha entendido desde un comienzo. Ha comprendido la estrecha conexión entre ser *enviados a predicar con poder de expulsar los demonios"* (Mc. 3, 13-15), sin otra meta y objetivo que la predicación. Se desprende que es la predicación de por sí, lo que implica la expulsión de los demonios.

En ese sentido, la misión del Magisterio de la Igleisa es la de afirmar, coherentemente con la naturaleza escatológica propia del evento Jesucristo, el carácter definitivo de la Alianza instaurada de Dios por medio de Cristo con su pueblo. El significado del Magisterio de la Iglesia y su valor son comprensibles solo en relación a la verdad cristiana y a la predicación de la palabra verdadera. La misión del magisterio emerge directamente de la economía de la fe misma, en cuanto el Magisterio es, en su servicio a la palabra de Dios, una institución querida positivamente de Cristo como elemento constitutivo de la Iglesia, como lo ha sostenido en sus documentos la Iglesia.

En esta convicción en el Espíritu, la Iglesia se ha mantenido fiel en esa comprensión, guardando en esa fidelidad el misterio del envío concreto de "predicación" y del poder de expulsar demonios, como dos realidades indisolubles e inseparables. Lo interesante en esa comprensión del relato del Evangelio de San Marcos, y así se puede decir que lo aplicado la Iglesia, es que Jesús no dio en ese momento ningún formulario, ni ningún ritual, para expulsar los demonios. Mucho menos ningún tipo de conjuros. Simplemente el mandato es la predicación, y bajo ese mandato, sólo bajo ese mandato el poder de expulsar los demonios. Porque la predicación es ya la expulsión de los demonios que someten al hombre.

Desde este punto de vista, no se puede negar que Jesús concedió esa facultad a los "Doce". Pero, facultad que está condicionada por la predicación. No va separado uno de otro. O dicho en otras palabras: la predicación conlleva esa otra realidad, al iluminar las mentes y los corazones de los que escuchan la palabra y la predicación. Sin conjuros ni rituales.

Visto de esta manera, ciertamente, el poder de expulsar demonios dado a los Doce, confiere un carácter de exclusividad, por una parte; y, por otra, concede un carácter de dependencia a la predicación, que es de naturaleza vinculante. Eso hace que las cosas se ubiquen como deben ser. No está en ningún acto externo que no esté vinculado exclusivamente a la predicación. Más aún, no es un acto externo.

2) Mandato confirmado en el mismo Evangelio:

"Por último se apareció a los once discípulos mientras comían, y los reprendió por su falta de fe y por su dureza para creer a los que lo habían visto resucitado. Y les dijo: «*Vayan por todo el mundo y anuncien la Buena Nueva a toda la creación. El que crea y se bautice, se salvará; el que se niegue a creer será condenado. Estas señales acompañarán a los que crean: en mi Nombre echarán demonios y hablarán nuevas lenguas; tomarán con sus manos serpientes y, si beben algún veneno, no les hará daño; impondrán las manos sobre los enfermos y quedarán sanos.»* (Mc. 16, 15-18; Mt. 28, 18-20).

Es importante tener en alta consideración este relato del Evangelio, porque es aquí donde podría estar la parte conflictiva, tanto para afirmar férreamente que esa facultad de expulsar demonios (exorcismos) se tiene por mandato directo de Jesús; como para negar esos "talentos".

3) No solamente a los Doce:

Por otra parte, encontramos en el Evangelio de San Lucas la contraparte de la exclusividad de los Doce, pues el evangelista habla del poder dado a otros setenta y dos, enviándolos de dos en dos (cfr. Lc. 10, 1-20). En ese mismo relato se cuenta, que *"regresaron los setena y dos alegres, diciendo: "Señor, hasta los demonios se nos someten en tu nombre".* Él les dijo: *"Yo veía a Satanás caer del cielo como un rayo".* (Lc. 10, 17-18).

Es la única vez (con sus paralelos) en que se dice que fue usado el nombre de Jesús, que sería la fórmula, en caso de querer buscar alguna, o un ritual; pero no se dice más. Sólo que en hasta los demonios se someten en su nombre.

4) En universalidad: en la oración:

Pareciera limitante esa facultad, que no es un acto externo, ni añadido.

¿Significa, entonces, que quien no es Obispo no ejerce esa facultad, y no tiene ese don? Si no ceñimos al texto del Evangelio de San Marcos que se citó, ya todo está dicho. Sin embargo, queda claro que no es un ritual ni un conjuro, porque no hace referencia a algo parecido en el mandato de Jesús.

Pero, como se trata del mal y de su incidencia en el hombre universal, y que es la meta del misterio de la Encarnación del Hijo, queda, por otra parte, la oración misma que Jesús nos enseñara. Así, en la oración del Padrenuestro se nos enseña pedir que Dios *"nos libre de todo mal".* Y se podría afirmar que ya la

 Exorcismos; no

oración del Padrenuestro es una fórmula de exorcismo dada por el propio Jesús. Y esa misma fórmula-oración, por decirlo de alguna manera, está igualmente condicionada, y es para que no caigamos en tentación (cfr. Mt. 6, 13; Jn. 17, 11-15). Es decir, que nos libre de todo mal, antes no dejándonos caer en tentación. No dice la oración del Padrenuestro que nos saque el espíritu malo (que nos exorcice), sino que para no caer en tentación, nos refuerce el hecho de que nos libre de todo mal. Así dice, justamente, la oración en esa parte final: *"y no nos dejes caer en tentación, mas líbranos del mal"* (Lc. 6, 13).

Eso si se tratara de buscar en los Evangelios, sobre todo en el de San Marcos, alguna referencia o algún mandato o alguna concesión de esa facultad de expulsar demonios a otros que no sean los Doce, como ya se ha dicho.

En la historia de la Iglesia:

Sedientos de información sobre el exorcismo y su práctica en la Iglesia, se ha intentado buscar una especie de compendio en donde se enumere y se patente, por decirlo así, una especie de guía; pero no se ha dado con ningún resultado positivo. No es ello motivo para negar, en consecuencia, que la Iglesia no haya puesto en práctica una forma tal de ministerio. Sea el caso, por ejemplo, del *El Nuevo Rito de los Exorcismos*, del 26 de enero de 1999, presentado oficialmente por el cardenal Medina Estévez, prefecto de la Congregación para el culto divino y la disciplina de los sacramentos. El nuevo ritual de 1999 reemplaza al viejo ritual de 1614.

Un poco de historia:

Antes de la reforma del Concilio Vaticano II (1962-1965), existía una orden menor, antes de ser consagrado sacerdote, que llevaba el nombre de "exorcista". Eran las órdenes menores: el Ostiario o portero, el Lector, el Exorcista y el Acólito. Pertenecían a las Órdenes mayores: el Subdiácono, el Diácono, el Presbítero y el Obispo. Las órdenes menores eran consideradas de institución eclesiástica, consideradas así por el Concilio de Trento.

El exorcista era a quien se le confería el oficio de imponer las manos sobre los posesos del demonio, recitar los exorcismos aprobados por la iglesia y presentar el agua bendita. En la ceremonia de ordenación, el obispo le presentaba el libro de exorcismos al ordenando para que lo tocara con la mano derecha, y le decía: «*Recíbelo y confía a la memoria las fórmulas; recibe el poder de poner las manos sobre los energúmenos que ya han sido bautizados o sobre los que todavía son catecúmenos...*».

Desde 1972 desaparecen las llamadas órdenes menores (Pablo VI, "*Ministeria quaedam*" (Motu Proprio), y hoy esos ministerios se confieren a los laicos.

 Exorcismos; no

Ideas del padre Gabriele Amorth

Con la idea de ser lo más respetuosos posible, no tenemos de otra que dedicarnos un poco a tomar las ideas del libro del padre Gabrielle Amorth (*Habla un exorcista*)[1], primero; y después, las ideas principales del Nuevo ritual del Exorcismo, publicado en 1999.

En la primera parte tenemos que, según el P. Amorth, el mundo, es lo que se opone a Dios. Satanás, que era el más resplandeciente de los ángeles se convirtió en el peor de los demonios y en su jefe, porque también los demonios están vinculados entre sí por una estrechísima jerarquía y conservan el grado que tenían cuando eran ángeles: principados, tronos, dominios... Jesús cura y restablece el plan divino, malogrado por la rebelión de una parte de los ángeles y por el pecado de los progenitores. Por eso Jesús confiere a los apóstoles la facultad de expulsar a los demonios (Mt. 10, 1) «Y estas señales acompañarán a los que crean: expulsarán demonios en mi nombre...»[2].

La rebeldía del demonio:

"Una cristología que ignora a Satanás es raquítica y nunca podrá comprender el alcance de la redención"[3], dice el P. Amorth en su presentación teológica. Satanás se rebela porque todo estaba predestinado para Cristo desde su encarnación. En este punto hay que fijar la atención, ya que el padre Amorth condiciona la rebeldía del demonio a la existencia histórica terrenal de Jesús, porque es ahí cuando, según él, se sucede la rebeldía del demonio.

---

[1] Por cierto que recientemente el P. Amorth acaba de publicar otro libro, titulado *El último exorcista* (Patiño Franco, José Uriel (Traductor), editorial Sociedad de San Pablo, año de la edición colombiana 2012).

[2] Cfr. Gabriele Amorth, Centralidad de Cristo, *Habla un exorcista*, Editorial Planeta, Cuarta edición, España, 2005, pp. 11-13.

[3] Ibid, p. 14.

Satanás, expone su teología el P. Amorth[4], era la criatura más perfecta salida de las manos de Dios; estaba dotado de una reconocida autoridad y superioridad sobre los demás ángeles y, a su parecer, sobre todo cuanto Dios iba creando y que él trataba de comprender pero que, en realidad, no entendía. El plan unitario de la creación estaba orientado a Cristo: hasta la aparición de Jesús en el mundo, ese plan no podía ser revelado en su claridad. De ahí la rebelión de Satanás, por querer seguir siendo el primero absoluto, el centro de la creación, incluso en oposición al designio que Dios estaba realizando. De ahí su esfuerzo por dominar en el mundo («el mundo entero yace en poder del maligno», 1 Jn. 5, 19) y por servirse del hombre, incluso de los primeros progenitores, haciéndolo obediente a él contrariando las órdenes de Dios. Lo consiguió con los progenitores, Adán y Eva, y contaba con lograrlo con todos los demás hombres, ayudado por «un tercio de los ángeles», que, según el Apocalipsis, le siguió en la rebelión contra Dios.

Dios no reniega nunca de sus criaturas, continúa el P. Amorth. Por eso también Satanás y los ángeles rebeldes, incluso en su distanciamiento de Dios, siguen conservando su poder, su rango (tronos, dominios, principados, potestades...), aunque hacen un mal uso de él. No exagera san Agustín al afirmar que si Dios le dejara las manos libres a Satanás, «ninguno de nosotros permanecería con vida». Al no poder matarnos, trata de hacernos sus seguidores, buscando nuestra confrontación con Dios, del mismo modo que él se opuso a Dios. He aquí entonces la obra del Salvador. Jesús vino «para deshacer las obras del diablo» (1 Jn. 3, 8), para liberar al hombre de la esclavitud de Satanás e instaurar el reino de Dios después de haber destruido el reino de Satanás. Pero entre la primera venida de Cristo y la parusía (la segunda venida triunfal de Cristo como juez) el demonio intenta atraer hacia él a tanta gente como puede; es una lucha que lleva a cabo por desesperación, sabiéndose ya derrotado y «sabiendo que le queda poco tiempo» (Ap. 12, 12). Por eso Pablo nos dice con toda sinceridad que «nuestra lucha no es contra la carne y la sangre, sino contra [...] los Espíritus del Mal [los demonios] que están en las alturas» (Ef. 6, 12).

---

[4] El capítulo *"El poder de Satanás"*, del libro del P. Amorth.

    Exorcismos; no

Creemos que un buen día Dios creó a los ángeles- sigue su exposición el P. Amorth en su libro ya citado - que los sometió a una prueba, no se sabe bien cuál, y del resultado de ella surgió la división entre ángeles y demonios: los ángeles se vieron premiados con el paraíso; los demonios, castigados con el infierno. Conocemos el nombre del príncipe de los ángeles, san Miguel; asimismo los nombres de otros dos arcángeles: Gabriel y Rafael. Un apócrifo añade un cuarto nombre: Uriel[5].

Luego creemos que, otro buen día, Dios creó el universo, los reinos mineral, vegetal, animal y, por último, al hombre. Adán y Eva en el paraíso terrenal pecaron, obedeciendo a Satanás y desobedeciendo a Dios. En este punto, para salvar a la humanidad, Dios pensó en enviar a su Hijo. No es ésta la enseñanza de la Biblia ni la de los santos padres. Con semejante concepción, el mundo angélico y la creación son ajenos al misterio de Cristo. Léase, en cambio, el prólogo al Evangelio de san Juan y léanse los dos himnos cristológicos que abren las Epístolas a los Efesios y a los Colosenses. Cristo es el primogénito de todas las criaturas; todo fue hecho por él y para él. No tienen ningún sentido las disputas teológicas en las que se pregunta si Cristo hubiera venido sin el pecado de Adán. Él es el centro de la creación, el que compendia en sí a todas las criaturas: las celestiales (ángeles) y las terrenales (hombres). En cambio, sí se puede afirmar que, a causa de la culpa de los progenitores, la venida de Cristo adquirió un significado particular: vino como salvador. Y el centro de su acción está contenido en el misterio pascual: mediante la sangre de su cruz reconcilia a Dios con todas las cosas, en los cielos (ángeles) y en la tierra (hombres). De este planteamiento cristocéntrico depende el papel de toda criatura. No podemos omitir una reflexión respecto de la Virgen María.

Los trastornos que causa el demonio:

¿Qué trastornos puede causar el demonio en los hombres mientras están vivos?[6], se pregunta el padre Amorth. Y responde de la siguiente manera:

---

[5] Página 21, del libro del P. Amorth.

[6] Ibid, capítulo *El poder de Satanás*, en el libro ya citado del padre Amorth, pp. 14-22.

- Hay una *acción ordinaria del demonio*, que está orientada a todos los hombres: la de tentarlos para el mal. Incluso Jesús aceptó esta condición humana nuestra, dejándose tentar por Satanás.

- La segunda, es en determinados casos. Esta segunda acción puede clasificarse de seis formas distintas. Es *la acción extraordinaria del demonio*, y puede darse, primero en los sufrimientos físicos causados por Satanás externamente, como la de muchos santos. Después, en la posesión diabólica, que es el tormento más grave y tiene efecto cuando el demonio se apodera de un cuerpo (no de un alma) y lo hace actuar o hablar como él quiere, sin que la víctima pueda resistirse, y, por tanto, sin que sea moralmente responsable de ello. Es la forma que más se presta a fenómenos espectaculares: hablar lenguas nuevas, demostrar una fuerza excepcional, revelar cosas ocultas (el endemoniado de Gerasa).

- La tercera, es *la vejación diabólica*, o sea trastornos y enfermedades desde muy graves hasta poco graves, pero que no llegan a la posesión, aunque sí a hacer perder el conocimiento, a hacer cometer acciones o pronunciar palabras de las que no se es responsable, como en el caso de la mujer jorobada y el sordomudo sanados por Jesús; y el mismo San Pablo: *«Por lo cual, para que yo no me engría por haber recibido revelaciones tan maravillosas, se me ha dado un sufrimiento, una especie de espina en la carne [se trataba evidentemente de un mal físico, un emisario de Satanás, que me abofetea»* (2 Cor. 12, 7).

- La cuarta, es *la obsesión diabólica*. Se trata de acometidas repentinas, a veces continuas, de pensamientos obsesivos, incluso en ocasiones racionalmente absurdos, y se dan casi siempre en los sueños.

- La quinta, son las infestaciones diabólicas en casas, objetos y animales.

Exorcismos; no

- La sexta, es *la sujeción diabólica*, llamada también dependencia diabólica. Se incurre en este mal cuando nos sometemos deliberadamente a la servidumbre del demonio. Las dos formas más usadas son el pacto de sangre con el diablo y la consagración a Satanás.

La forma y manera de curar:

Según el Ritual, y según el padre Amorth, solo se aplica exorcismo para los casos de posesión diabólica, o sea, la última (la sexta).

Para los demás casos distintos de la posesión deberían bastar los medios comunes de gracia: la oración, los sacramentos, la limosna, la vida cristiana, el perdón de las ofensas y el recurso constante al Señor, a la Virgen, a los santos y a los ángeles, en especial nuestro ángel custodio, amigo fidelísimo durante las veinticuatro horas del día, desde la concepción hasta la muerte.

La oración a San Miguel Arcángel:

En ese sentido, el padre Amorth propone la oración a San Miguel Arcángel, como de bastante provecho:

San Miguel arcángel, defiéndenos en la batalla; contra las maldades y las insidias del diablo sé nuestra ayuda. Te lo rogamos suplicantes: ¡que el Señor lo ordene! Y tú, príncipe de las milicias celestiales, con el poder que te viene de Dios, vuelve a lanzar al infierno a Satanás y a los demás espíritus malignos que vagan por el mundo para perdición de las almas.

EL RITO de Exorcismo

QUE DEBE EMPLEARSE

Tomamos, de inmediato, de el Ritual Romano Renovado, el RITUAL DE LOS EXORCISMOS de la Congregación para el Culto Divino y la disciplina de los Sacramentos (Prot. 1280/98/L), el apartado IV del mismo, resaltándolo a nuestra manera, para que sea fácil de seguirse. Así, en él se propone que en el rito se preste una atención especial a aquellos gestos y aspectos rituales que tienen el primer lugar y sentido, por ejemplo aquellos que forman parte de la purificación en el camino catecumenal (el signo de la cruz, la imposición de las manos, el soplo, la aspersión con el agua bendita, etc.). El rito comienza con la aspersión del agua bendita, con la que se recuerda la purificación bautismal y el atormentado se defiende de las insidias del enemigo. Al agua debería añadírsele sal.

De inmediato se sigue la oración letánica con la cual se implora la intercesión de todos los santos sobre el atormentado. Después de las preces letánicas el exorcista puede recitar uno o varios salmos que imploran la protección del Altísimo y proclaman la victoria de Cristo sobre el Maligno. Luego se proclama el Evangelio, como signo de la presencia de Cristo, quien por su propia Palabra en la proclamación de la Iglesia cura las enfermedades de los hombres. A continuación el exorcista impone las manos sobre el atormentado, con lo cual se invoca el poder del Espíritu Santo, para que el diablo salga de aquel que por el bautismo fue hecho templo de Dios. Al mismo tiempo puede soplar sobre el rostro del atormentado. Se recita, entonces, el símbolo de la fe, o bien, se renueva la promesa de fe bautismal con la abjuración previa a Satanás, y que no es otra cosa que lo aparece en el Ritual de Bautismo, cuando en una de las fórmulas, se renuncia a Satanás y a todas sus obras[7].

---

[7] - Renunciáis al demonio? R: Si, renunciamos. - ¿Renunciáis a todas sus obras? R: Si, renunciamos. - ¿Renunciáis a todos sus engaños? R: Si, renunciamos (tomado de El Ritual de los Sacramentos, *Bautismo de uno o varios niños*).

Exorcismos; no

Sigue la oración dominical, con la cual se implora al Dios y Padre nuestro que nos libre de todo mal. Terminados los ritos precedentes, el exorcista muestra al atormentado el crucifijo que es fuente de toda bendición y gracia, y se hace la señal de la cruz sobre él señalando así la potestad de Cristo sobre el diablo. Finalmente dice la fórmula deprecativa, con la cual se ruega a Dios, así como la fórmula imperativa, con la que el diablo, en nombre de Cristo, es conjurado directamente para que salga del atormentado.

Todos los pasos del rito indicados pueden repetirse cuantas veces sean necesarias tanto en la misma celebración como en otro momento, hasta que el atormentado sea liberado totalmente.

El rito concluye con el canto de acción de gracias, con la oración y la bendición.

Los dones de Satanás:

También Satanás, según el padre Amorth, concede poderes a sus devotos, como: presciencia, el poder de desdoblarse y estar en lugares distintos; a algunos, que oigan «una voz» que a veces puede sugerir oraciones y otras veces cosas completamente distintas; facultades que en parapsicología se definen como extrasensoriales, es decir: clarividencia, lectura del pensamiento, diagnósticos clínicos, lectura del corazón y la vida de personas vivas o difuntas y otros poderes; también la de anular el dolor físico con la imposición de manos, aliviando o eliminando el estado de sufrimiento; algunos entienden inmediatamente si una persona está imbuida de negatividad, prevén acontecimientos futuros, a veces tienen una notable tendencia a querer imponer las manos a personas psíquicamente frágiles. Otras veces tienen la impresión de poder influir sobre los acontecimientos del prójimo, augurando el mal con una perversidad que sienten en sí mismas, casi con prepotencia.

Oraciones y modos del RITO DEL EXORCISMO MAYOR o Exorcismo solemne:

Como se trata de ser respetuosos de los que creen en esa forma y manera de exorcismos[8], damos a continuación algunas oraciones y formas de aplicación que aparecen en el Ritual aprobado en el año 1998[9].

Señala el ritual que el exorcista debe decir en secreto la siguiente oración:

Señor Jesucristo, Verbo de Dios Padre, Dios de toda criatura que diste a tus santos Apóstoles la potestad de someter a los demonios en tu nombre y de aplastar todo poder del enemigo; Dios santo, que al realizar tus milagros ordenaste: "huyan de los demonios"; Dios fuerte, por cuyo poder Satanás, derrotado, cayó del cielo como un rayo; ruego humildemente con temor y temblor a tu santo nombre para que fortalecido con tu poder, pueda arremeter con seguridad contra el espíritu maligno que atormenta a esta criatura tuya. Tú que vendrás a juzgar al mundo por el fuego purificador y en él a los vivos y los muertos.

Amén.

El sacerdote exorcista accede al lugar de la celebración, con los ornamentos adecuados que, según la costumbre será el alba, o el sobrepelliz sobre la vestidura talar, y la estola morada. Hecha la debida reverencia al altar o, faltando éste, a la cruz, se encamina a la sede. El sacerdote y los fieles hacen la señal de la cruz de la manera habitual: *En el nombre del Padre, y del Hijo, y del Espíritu Santo.*

Todos responden: Amén.

Luego el exorcista saluda a los fieles extendiendo las manos:

Dios, Padre omnipotente que quiere que todos los hombres se salven esté con todos ustedes.

Todos responden: *Y con tu espíritu.*

---

[8] Según el padre Gabriel Amorth, el verdadero exorcismo es el solemne, Véase página 81.

[9] *RITO DEL EXORCISMO MAYOR*, en el RITUAL DE LOS EXORCISMOS de la Congregación para el Culto Divino y la disciplina de los Sacramentos, 1998.

Exorcismos; no

Si fuera oportuno, el exorcista bendice el agua, diciendo con las manos juntas una de las siguientes oraciones:

Dios, que para la salvación del género humano hiciste brotar de las aguas el sacramento de la nueva vida, escucha, con bondad, nuestra oración e infunde el poder de tu bendición X sobre esta agua, para que sirviendo a tus misterios, asuma el efecto de la divina gracia que espante los demonios y expulse las dolencias y así, al ser rociados, tus fieles sean liberados de todo daño; que en el sitio que será aspegido con esta agua, no resida el espíritu del mal y se alejen todas las insidias del oculto enemigo; haz que tus fieles, manteniéndose firmes por la invocación de tu santo nombre sean libres de todas las asechanzas. Te lo pedimos, por Cristo, nuestro Señor.

Todos responden: Amén.

Si se hace la mezcla de la sal, en la bendición del agua, el exorcista la bendice diciendo:

Te suplicamos, Dios todopoderoso, que bendigas en tu bondad esta sal creada por ti. Tú mandaste al profeta Eliseo arrojarla en el agua estéril para hacerla fecunda. Concédenos, Señor, que al recibir la aspersión de esta agua mezclada con sal nos veamos libres de los ataques del enemigo, y la presencia del Espíritu Santo nos proteja siempre. Por Jesucristo, nuestro Señor.

Todos responden: Amén.
Luego mezcla la sal con el agua, sin decir nada.

Los exorcismos

(según el padre Amorth)

Sin decir nada, ni a favor ni en contra, pasamos a presentar las ideas del libro del padre Gabrielle Amorth, respecto a los exorcismos, en concreto. Omitimos, por lo menos en este capítulo, los juicios respecto al tema. Seremos fieles al pensamiento del padre Amorth expresado en su libro *Habla un exorcista*, del que hacemos un compendio de sus ideas, respetando sus puntos de vista. Sin embargo, es importante aclarar, que no porque se exponga aquí su pensamiento, se comulgue con él. Pero, como se intenta hacer un aporte serio en este libro, es nuestra obligación dar las ideas tal como están y aparecen en el libro citado. Por supuesto, que las ideas están todas dispersas en su libro, y a veces no hay secuencia temática. El esquema presentado aquí es nuestro, para poder hacer manejable, como es lógico, todo el conjunto de su pensamiento. En algunas partes citamos ex profeso los números de las páginas, para la comprobación por parte del lector interesado, para que vaya al texto y corrobore la idea, o la complemente directamente; pero, en el bosquejo que presentamos a continuación está compendiado su pensamiento.

Tipos de exorcismos:

Así, el padre Amorth, dice que *Exorcismo* es sólo el sacramental instituido por la Iglesia. Y que se puede llamar *exorcismo sencillo,* al introducido en el bautismo; y *exorcismo solemne,* al sacramento reservado a los exorcismos propiamente dichos.

No es correcto – dice - llamar exorcismo privado o exorcismo común a una oración que no es en absoluto un exorcismo, sino sólo una plegaria de liberación y que así debe ser llamada. El exorcista debe atenerse a las oraciones del Ritual (véase en la página 78).

     Exorcismos; no

Objetivos del exorcismo:

El objetivo del exorcismo es doble.

El primero es liberar a los poseídos.:

Pero, antes aun, tiene un fin de diagnóstico para cerciorarse de si existen o no las condiciones para administrar el exorcismo, porque todos los fenómenos que se produzcan, pueden encontrar en realidad una explicación natural, para los que son muy importantes los signos antes del exorcismo, los signos durante el exorcismo, los signos después del exorcismo, el desarrollo de los signos en el transcurso de los distintos exorcismos. Es importante estar atentos para no dejarse embaucar por enfermos mentales, por chiflados, por quienes no tienen ninguna presencia demoníaca ni ninguna necesidad de exorcismos. Pero, hay que estar atentos para no dejarse confundir.

El problema se agrava cuando hay sujetos que sufren a la vez males psíquicos e influencias maléficas. En estos casos es muy útil que el exorcista cuente con la ayuda de un psiquiatra.

El segundo objetivo es un fin curativo: *liberar al paciente.* Y aquí comienza un camino que a menudo es difícil y largo.

Tiempo del exorcismo:

El tiempo es de y ayuda mucho la fe del exorcista y la fe del exorcizado; ayudan las oraciones del interesado, de su familia, de otros; ayuda muchísimo el uso de los correspondientes sacramentales, oportunamente usados para los objetivos indicados por las oraciones de bendición: agua exorcizada o al menos bendita, aceite exorcizado, sal exorcizada (páginas 75-78). Se recomienda una vida conforme al Evangelio, y otras manifestaciones externas de piedad (rosario, peregrinaciones, etc.).

Los afectados por el demonio:

a)	El número de afectados:

Es matemático: donde decae la religión, crece la superstición. De ahí la difusión, especialmente entre los jóvenes, de las prácticas de espiritismo, magia y ocultismo. Añádase a ello la búsqueda del yoga, el zen y la meditación trascendental: prácticas todas basadas en la reencarnación, en la disolución del ser humano en la divinidad o, en todo caso, en doctrinas inaceptables para un cristiano. También las sectas, muchas de las cuales con una directa huella satánica. El rock satánico.

b)   La manera de caer en manos del demonio:

Primero, los trastornos ordinarios. Después, por:

a.   Por permiso de Dios:

Dios también puede permitir a veces la acción extraordinaria de Satanás (posesión o trastornos maléficos) para que el hombre ejercite la humildad, la paciencia y la mortificación (el padre Pío, el cura de Ars, Job y San Pablo, padre Calabria y sor María de Jesús Crucificado (la primera árabe beatificada, entre otros muchos).

b.   Cuando se sufre un maleficio:

Tampoco en este caso hay culpa por parte de quien es víctima de este mal; pero hay un concurso humano, o sea una culpa humana por parte de quien hace o quien ordena a un mago el maleficio. Se trata de *perjudicar a otros a través de la intervención del demonio*". A través de: atadura, mal de ojo, maldición, el hechizo; siendo el hechizo el más utilizado. Quien vive en gracia de Dios, quien reza más intensamente, está mucho más salvaguardado que quien no es practicante o, peor aún, vive habitualmente en estado de pecado.

c.   Vivir en pecado:

Vivir bajo el pecado. Judas es el ejemplo de una terrible posesión diabólica, según el pensamiento del padre Amorth.

d. Frecuentar personas y lugares maléficos:

Tales, como asistir a sesiones espiritistas, magia, cultos satánicos o sectas satánicas, prácticas de ocultismo... frecuentar magos y brujos; la cartomancia.

Algunos síntomas de posesión:

Los dos puntos afectados más a menudo son la cabeza y el estómago, en caso de influencias maléficas. No querer estudiar, sobre todo entre los jóvenes, según como lo presenta el P. Amorth[10].

Hablar corrientemente lenguas desconocidas o comprenderlas si las hablan otros; conocer cosas lejanas y escondidas; demostrar una fuerza muscular sobrehumana. Un síntoma típico es la aversión a lo sagrado: personas que de golpe dejan de rezar, cuando antes lo hacían.

El otro punto que suele verse afectado es la boca del estómago, inmediatamente debajo del esternón.

También perjudica en la salud física y mental. Como también en los afectos y quereres, en los negocios, en las ganas de vivir, y en el deseo de morir, que es el punto final que el maligno se propone.

Algunos procedimientos a seguir:

a) Utilizar siempre eufemismos:

No utilizar la palabra "exorcismo", sino "bendición", para no crear confusión en la persona enferma.

Ante la presencia del maligno, llamarla *"negatividades"*.

b) Respecto a otros detalles:

Utilizar otra lengua, especialmente, el latín.
Aplicar la Unción de los enfermos y todo su ritual.

---

[10] Véase también *Amorth ci risponde quali sono i segni che identificano la possessione*, subido a youtube por perfeito150, el 09 de enero de 2011 (http://youtu.be/3G8P3w89iLo).

El Ritual sólo precisa que, a partir de las palabras «*Ecce crucem Domini*», se ponga un extremo de la estola sobre el cuello del paciente y que el sacerdote mantenga su mano derecha sobre la cabeza.

No hacer preguntas inútiles o de curiosidad, sino preguntar el nombre, si hay otros demonios y cuántos, cuándo y cómo el maligno entró en ese cuerpo, y cuándo saldrá de él.

Hacer sobre ellos la señal de la cruz y rociar con agua bendita.

Clasificación de los demonios:

Los demonios se han clasificado según el capítulo 9 del Apocalipsis: si las pupilas están arriba, se trata de escorpiones; si están abajo, se trata de serpientes. Los escorpiones tienen como jefe a Lucifer (nombre quizá no bíblico, pero arraigado en la tradición); las serpientes tienen como jefe a Satanás, que manda también a Lucifer (pero el demonio podría ser el mismo) y a todos los demonios. Otro nombre de Satanás es Belcebú. Para muchos, Lucifer y Satanás son dos demonios distintos. Los demonios más importantes tienen nombres bíblicos o dados por la tradición: Satanás o Belcebú, Lucifer, Asmodeo, Meridiano, Zabulón... Otros nombres indican más directamente el objetivo que se proponen: Destrucción, Perdición, Ruina... O bien indican males concretos: Insomnio, Terror, Discordia, Envidia, Celos, Lujuria... (páginas 51 y 74).

Dos cosas importantes que apunta el padre Amorth en su libro, además de todas las expuestas aquí, son que, la primera, que, *"la posesión diabólica no es un mal contagioso, ni para los parientes, ni para quien asiste a ella, ni para los lugares en que se desarrollan los exorcismos"* (página 55 de su libro). Y, la segunda, es, que, *"cada exorcista posee sus experiencias que, a veces, son irrepetibles, o sea que no encuentran confirmación por parte de otros exorcistas"* (página 58 de su libro).

La manera de comportamiento del demonio:

A pesar de que no busca ser descubierto, su comportamiento es:

a)   Antes de ser descubierto:

Se esconde bajo algunas enfermedades, aparentemente incurables y prolongadas, tanto física como mentalmente. De nada sirven los tratamientos.

b)   Durante los exorcismos:

Primero, se esconde- dice el P. Amorth. Después, por la fuerza de los exorcismos, a veces es inducido a manifestarse desde la primera oración; otras veces se necesitan más exorcismos.

El demonio reacciona de muy distintas maneras a las oraciones y exhortaciones. Muchas veces se esfuerza por parecer indiferente; pero, en realidad, sufre y continúa sufriendo cada vez más, hasta que se llega a la liberación.

Algunos poseídos permanecen inmóviles y silenciosos, reaccionando sólo con los ojos, si son provocados. Otros se agitan y hay que sujetarles para que no se hagan daño; otros se lamentan, especialmente si se presiona la estola sobre las partes dolientes, como indica el Ritual, o bien haciendo sobre ellas la señal de la cruz o rociándolas con agua bendita.

En cuanto a hablar, generalmente los demonios se muestran muy reacios, y cuando son locuaces dicen cosas insulsas para distraer al exorcista y para esquivar sus preguntas, pues es el príncipe de la mentira. Le temen a los nombres sagrados, como el nombre de Jesús, o el nombre de la Virgen. Le temen a la imagen de la cruz.

c)   Poco antes de la expulsión:

Manifiesta su estado de desesperación con expresiones repetidas a menudo durante los exorcismos: «Me muero, me muero»; «Ya no puedo más»; «Basta, me estáis matando»; o frases parecidas.

d)   Después de la liberación:

Es muy importante que la persona liberada no afloje su ritmo de plegaria, de frecuentación de los sacramentos, de compromiso de vida cristiana. Y de vez en cuando es bueno solicitar que le sean practicadas algunas bendiciones, pues ocurre a menudo que el demonio ataca, o sea que trata de regresar. No hay que abrirle ninguna puerta.

Efectos del exorcismo:

Para el buen éxito es fundamental la colaboración del paciente, con mucha oración, con la frecuencia en los sacramentos, con una vida conforme a las leyes del Evangelio, con el uso de los sacramentales, haciendo rezar a otros (es muy eficaz la oración de toda la familia, o de comunidades parroquiales o religiosas, de grupos de oración...), haciendo celebrar misas. Son muy útiles las peregrinaciones y las obras de caridad. Pero sobre todo se necesita mucha oración personal, mucha unión con Dios. Sobre todo, perdonar a los enemigos (páginas 70-72).

Algunos tipos de maleficio:

a) La magia negra:

Es hacer recaer el maleficio sobre una determinada persona mediante fórmulas mágicas o ritos, a veces incluso muy complejos, con invocaciones dirigidas al demonio, pero sin usar objetos específicos. Quien se dedica a estas prácticas se convierte en siervo de Satanás. Puede ser la magia imitativa, o la magia de contacto, o alta magia (páginas 83-84; 93-96, del libro *Habla un Exorcista,* del padre Gabrielle Amorth).

b) Las maldiciones:

Son deseos de que caiga el mal sobre alguien, y el origen del mal está en el demonio; cuando tales maldiciones se pronuncian con verdadera perfidia, especialmente si existen vínculos de sangre entre el maldiciente y el maldecido, pueden provocar efectos tremendos.

    Exorcismos; no

c) El mal de ojo:

Consiste en un maleficio hecho por una persona por medio de la mirada. Es un verdadero maleficio: supone la intención de perjudicar a una determinada persona con la intervención del demonio. Lo que tiene de particular es el medio usado para llevar a término la nefasta obra: la mirada.

d) El hechizo:

Es más utilizado para realizar maleficios. El nombre deriva de hacer o confeccionar un objeto, con los materiales más extraños y heterogéneos, que adquiere un valor casi simbólico: es un signo sensible de la voluntad de hacer daño y es un medio ofrecido a Satanás para que imprima en él su fuerza maléfica. Se logra a través de bebidas, o a través de ropa, cabellos u otras pertenencias de la persona a la que se le quiere hacer el daño. Y puede ser de "división", o de "enamoramiento", según dependa el caso y la motivación.

Los que pueden expulsar demonios:

Según el padre Amorth, es un poder ya transmitido por Jesús a todo el que cree en Él. Después, de manera muy especial los Obispos, de manera natural por ser los herederos de los Apóstoles; después los sacerdotes asignados por el propio Obispo para ese ministerio. Sin negar que ya todo sacerdote posee ese poder, según el padre Amorth. Después, pueden expulsar los demonios, *los carismáticos, videntes, médiums, pranoterapeutas, sanadores, magos, y también gitanos.* Los carismáticos tienen del don del Espíritu Santo el don de la liberación de los espíritus malignos y la curación. Se trata de dones que pueden ser concedidos a individuos, pero también a comunidades (página 99-100).

Algunas notas extras sobre el tema:

1) En la Universidad Athenaeum Pontificium Regina Apostolorum (Roma), se dio un curso sobre exorcismo, en el

año 2010; siendo el primero después del Concilio Vaticano II. Más tarde, en el año 2005, Collevallenza (provincia italiana de Perugia) se realizaba otro encuentro en el que participaron 180 exorcistas.

2) Por iniciativa de la archidiócesis primada de México, del 31 de agosto al 2 de septiembre de 2004, se celebró el Primer Encuentro Nacional de Exorcistas y Auxiliares de Liberación de México. El Arzobispo de México, Cardenal Norberto Rivera Carrera, inauguró el I Encuentro Nacional de Exorcistas y Auxiliares de Liberación que tenía como fin enfrentar las crecientes prácticas satánicas abiertas y ocultas. Entre los ponentes, destacaba el padre Gabriel Amorth, fundador de la Asociación Internacional de Exorcistas, y de expertos como el padre Giancarlo Gramolazzo, Presidente de la Asociación Internacional de Exorcistas; y el padre Mario Ángel Flores Ramos, Director de la Facultad de Teología de la Universidad Pontificia de México.

3) En México se han continuado estos encuentros. Al punto que ya en el año 2011, se habían realizado cinco encuentros del mismo tipo, destacándose, entre otros, los sacerdotes y formadores de exorcistas italianos, P. Gabrielle Nanni (Trento) y P. Sante Babolin (Padua), por Italia; y por México, el padre Pedro Mendoza Pantoja, coordinador general de exorcistas de la Arquidiócesis de México. El tema de ese año llevaba por título *"Inquietudes del alma y terapia espiritual de los exorcismos para actuar el ministerio del exorcismo dentro la pastoral de los enfermos"*.

4) Unos 300 exorcistas, sacerdotes y laicos, procedentes de varios países de Europa, África y de India se reunieron en el monasterio de Jasna Gora, el santuario mariano de Czestochowa (sur de Polonia); destacándose la intervención de Andrzej Grefkowicz, exorcista de la archidiócesis de Varsovia.

5) El escritor español, José María Zavala, en el año 2012 escribe un libro sobre exorcismo, bajo el título de *"Así se vence al demonio (hablan los poseídos, hablan los exorcistas)"*. En este

      Exorcismos; no

libro, José María Zavala, incluye relevantes declaraciones de Gabriel Amorth, quien afirma que el Papa Juan Pablo realizó al menos dos exorcismos entre los años 1982-2000 contra demonios que según él, poseían un gran poder y que no salieron de sus víctimas tras el primer ritual celebrado por el Pontífice y requirieron muchos esfuerzos.

6) En un video subido a youtube por el propio TG2, un canal de televisión italiana[11], el Padre Amorth sostiene que según las mismas palabras de Jesús, no hay otra opción: "o se está con Jesús, o se está en su contra"; y se fundamenta en la expresión de Jesús en el evangelio de que "El que no está conmigo está contra mí" (Lc 11, 14-23). Por consiguiente no estar con Jesús, es estar con Satanás.

7) Según el P. Amorth, Satanás tiene miedo de que se nombre al Papa Juan Pablo II, en los trabajos de exorcismos. Y la razón es porque el Papa Juan Pablo II, al ayudar con su aporte a la muerte del comunismo, le ha quitado parte del dominio del mundo que Satanás tenía[12].

8) Según el P. Amorth, Satanás tiembla ante los nombres del Padre Pío y de la Virgen María[13]; además del solo nombre del Papa Juan Pablo II.

---

[11] Cfr. Youtube, Incontro con il padre Gabriele Amorth, Esorcista, TG2 (un canal de la televisión italiana), del 25 de marzo de 2012.

[12] Cfr. *Vade Retro Padre Gabriele Amorth e Paolo Rodari*, (http://www.youtube.com/user/gruppofamiglia3), en el minuto 11, 50 segundos hasta el minuto 12 y 30 segundos, de esa presentación de 15 minutos y 25 segundos.

[13] Cfr. *Vade Retro Padre Gabriele Amorth e Paolo Rodari*, (http://www.youtube.com/user/gruppofamiglia3), en el minuto 12, 31 segundos hasta el minuto 14 y 05 segundos, (TVO 2000). Véase también *Racconti di un esorcista - Padre Gabriele Amorth* - puntata Radio Maria, 14 marzo 2012 (http://youtu.be/eaSs28rsy3w).

Una pequeña crítica

al pensamiento del P. Amorth:

Se descubre, de inmediato, unas limitaciones en el planteamiento del P. Amorth, y cuyo pensamiento hemos presentado en la parte anterior. Así se nota que hay una separación del mundo respecto a Dios. Es una concepción "maniqueísta" (el mundo de las ideas de Platón; el dualismo entre materia y espíritu), por un lado. Pareciera estar implícito en su pensamiento, una separación entre Dios y lo creado, cosa que nunca ha profesado la Iglesia, si seguimos el pensamiento de San Agustín, Santo Tomás de Aquino, San Buenaventura, entre muchos de los pensadores que son la base del pensamiento filosófico cristiano[1], quienes insisten en la bondad de lo creado[2] (cfr. Gn. 2, 23). El Concilio Vaticano II, en la Gaudium et spes (cfr. números 33-36), habla de la bondad radical del mundo.[3]

Por otra parte, el P. Amorth, pareciera que buscase darle personificación material y física al diablo, quedando fuera de todo contexto en la manera de presentar su teología, todo el planteamiento que hace San Pablo en Gálatas 5, 17 y en Romanos 7, 15-23 15, al decir que:

---

[1] Cfr. Pedro Urbano López de Meneses, *Creó Dios en un principio, Iniciación a la Teología de la Creación*, Ediciones Rialp, S.A., Madrid, 2004. Véase también el Catecismo Católico, cuando habla de la bondad de lo creado (números 279 y siguientes).

[2] Cfr.Francesco Rossi de Gasperis, SJ., *La Roca que nos ha engendrado" (Dt 32,18)*, "Ejercicios en Tierra Santa". Sal Terrae, 1966.

[3] Véase el estudio realizado por Fernando Berríos Medel, titulado *El método antropológico-trascendental de Karl Rahner, como hermenéutica teológica del mundo y de la praxis,* publicado en Teología y Vida, Vol. XLIII (2002) 467-502.

Exorcismos; no

Porque lo que hago, no lo entiendo; pues no hago lo que quiero, sino lo que aborrezco, eso hago. Y si lo que no quiero, esto hago, apruebo que la ley es buena. De manera que ya no soy yo quien hace aquello, sino el pecado que mora en mí. Y yo sé que en mí, esto es, en mi carne, no mora el bien; porque el querer el bien está en mí, pero no el hacerlo. Porque no hago el bien que quiero, sino el mal que no quiero, eso hago. Y si hago lo que no quiero, ya no lo hago yo, sino el pecado que mora en mí. Así que, queriendo yo hacer el bien, hallo esta ley: que el mal está en mí. Porque según el hombre interior, me deleito en la ley de Dios; pero veo otra ley en mis miembros, que se rebela contra la ley de mi mente, y que me lleva cautivo a la ley del pecado que está en mis miembros.

Desde ese punto de vista, el exorcismo supone la "diversidad" del demonio; es decir que el demonio es un mal ajeno, hostil y opresivo, al que por lo mismo se arroja fuera. Y Satanás simboliza la existencia personal absolutamente separada, alienada y en conflicto con toda otra existencia. Tal vez, haya, en ese sentido, alguna relación con el libro *La ciudad de Dios*, de San Agustín. La "alteridad" de Satanás está ligada a la separación del hombre de Dios. Esta separación constituye el rasgo esencial del pecado. Satanás simboliza, entonces, la negativa a reconocer y aceptar la verdad de la propia realidad en particular y de la realidad en general, y es una proyección en la que están personificadas las fuerzas guía de la psique humana. Las características atribuidas a Satanás son universales en el hombre y, a través de su valoración, podemos llegar a comprender mejor las fuerzas impulsoras existentes en el hombre mismo[4]. Y si se aplica el pensamiento de San Pablo, lógicamente, el mal estaría en nosotros mismos, en la toma de decisiones, y no tano en fuerzas externas al hombre[5].

Desde otra óptica, la debilidad del pensamiento del P. Amorth, pareciera encontrase en la limitación a la Encarnación de

---

[4] Cfr. David Bakan, profesor de psicología en la universidad de Chicago; cfr. Merton, *Introducción a la Ciudad de Dios, de San Agustín*. Véase al respecto el Denzinger número 237,7, las declaraciones del II y I CONCILIO DE BRAGA, año 561, en los Anatematismos contra los herejes, especialmente priscilianistas, donde se dice, que: "*Si alguno dice que el diablo no fué primero un ángel bueno hecho por Dios, y que su naturaleza no fué obra de Dios, sino que dice que emergió de las tinieblas y que no tiene autor alguno de sí, sino que él mismo es el principio y la sustancia del mal, como dijeron Maniqueo y Prisciliano, sea anatema*"

[5] En este sendido, véase, por ejemplo el libro de mons. Corrado Balducci, *El Diablo "... existe y se puede reconocer"*, Ediciones Paulinas, Bogotá, 1990.

Cristo (véase página 72), donde podría estar su debilidad teológica, porque no hay una comprensión del inicio del Evangelio de San Juan, donde se habla de la eternidad del Verbo, por quien todo se hizo: "*En el principio existía la Palabra y la Palabra estaba con Dios, y la Palabra era Dios. Ella estaba en el principio con Dios. Todo se hizo por ella y sin ella no se hizo nada de cuanto existe. En ella estaba la vida y la vida era la luz de los hombres, y la luz brilla en las tinieblas, y las tinieblas no la vencieron.*" (Jn. 1:1-5)[6]. A pesar de que el mismo P. Amorth hace referencia a ese misma cita[7], pero pareciera que la obvia en su sentido, aún cuando habla de la centralidad de Cristo, pero no queda claro en su presentación, ya que pareciera que antes que Cristo existía el diablo, quedando muy debilitada la unidad de la Santísima Trinidad, pues Cristo, según se desprende de su pensamiento.

En esa misma línea dogmática, tampoco podemos olvidar la afirmación de la Iglesia en el Credo Niceno-constantinopolitano[8]: "*Creo en un solo Señor, Jesucristo, Hijo*

---

[6] Véase también Filipenses, 2, 6-11.

[7] Cfr. El capítulo "*La centralidad de Cristo*", del libro del P. Amorth, p. 11; el capítulo "*El poder de Satanás*", p. 14.

[8] Concilio de Nicea (año 325).. Convocado por la autoridad del Papa San Silvestre y bajo la ejecutoria del mismo emperador Constantino. Este Concilio condenó la herejía de Arrio que negaba la divinidad de Jesucristo y su consustancialidad con el Padre: "*Creemos en un solo Dios Padre omnipotente... y en un solo Señor Jesucristo Hijo de Dios, nacido unigénito del Padre, es decir, de la sustancia del Padre, Dios de Dios, Luz de Luz, Dios verdadero de Dios verdadero, engendrado, no hecho, consustancial al Padre...*" (Denzinger - Dz 54). El Concilio Primero de Constantinopla (año 381), en tiempo del Papa San Dámaso, se ocupó de las herejías de los mecedonianos, eunomianos o anomeos. Se perfeccionó el símbolo niceno, que por esto lo llamamos el credo "niceno-constantinopolitano": "*Creo en un solo Dios, Padre Todopoderoso, Creador del cielo y de la tierra, de todo lo visible y lo invisible. Creo en un solo Señor, Jesucristo, Hijo único de Dios, nacido del Padre antes de todos los siglos: Dios de Dios, Luz de Luz, Dios verdadero de Dios verdadero, engendrado, no creado, de la misma naturaleza del Padre, por quien todo fue hecho; que por nosotros, los hombres, y por nuestra salvación bajó del cielo, y por obra del Espíritu Santo se encarnó de María, la Virgen, y se hizo hombre; y por nuestra causa fue crucificado en tiempos de Poncio Pilato; padeció y fue sepultado, y resucitó al tercer día, según las Escrituras, y subió al cielo, y está sentado a la derecha del Padre; y de nuevo vendrá con gloria para juzgar a, vivos y muertos, y su reino no tendrá fin. Creo-en el Espíritu Santo, Señor y dador de vida, que procede del Padre y del Hijo, que con el Padre y el Hijo recibe una misma adoración y gloria, y que habló por los profetas. Creo en la Iglesia, que es una, santa, católica y apostólica. Confieso que hay un solo Bautismo para el perdón de los pecados. Espero la resurrección de los muertos y la vida del mundo futuro. Amén.*"

                                        Exorcismos; no

único de Dios, nacido del Padre antes de todos los siglos: Dios de Dios, Luz de Luz, Dios verdadero de Dios verdadero, engendrado, no creado, de la misma naturaleza del Padre; por quien todas las cosas fueron hechas". Y, desde la visión del P. Amorth, la primacía de Cristo pareciera estar circunscrita a partir de su encarnación, respecto al poder al que aspiraba el diablo; de ahí la rebeldía del ángel malo[9].

No se puede omitir en esta apreciación respecto a la obra del P. Amorth, la constante energía negativa en todo lo creado. A tal punto, se aprecia que según el P. Amorth, en casi todo lo creado hay una fuerza opositora a Dios, en donde lo creado y el Creador parecieran estar en una eterna pugna y enemistad. En ese sentido, es realmente asfixiante esa relación negativa y conflictiva, y casi todo lo que existe tiende como a llevarle la contrapartida a Dios, por el solo hecho de ser distinto al Creador, quedando en tela de juicio lo positivo de la sentencia del libro del Génesis (cfr. Gn. 2, 23). En ese sentido, su presentación de los demonios incubos y súcubos, y que es también el lado fuerte del pensamiento de la Malleus Maleficarum, como ya hemos visto, ignoran la enseñaza de la Iglesia al respecto, ya que es enseñanza del Magisterio que el diablo no posee posibilidad de crear criatura alguna[10]. Y, aun cuando no lo sostengan, ya que dicen expresamente que el diablo no puede crear nada, sostienen que por eso es que se dan las realidades del súcubo e incubo como actividades del diablo para robar el esperma y transportarla para generar así nuevas criaturas y hacer el mal[11], valiéndose para ello de la unión matrimonial para cambiar el semen de uno y transmitírselo a otro. El matrimonio es querido y bendecido por Dios, pero el demonio se vale de eso, ya que no puede crear nada por sí mismo, y con el permiso de Dios el matrimonio puede ser viciado a Fortiori y el maleficio puede actuar en todo sexual entre hombre y mujer. Y esto es obra de los demonios, tanto el acto incubo como el acto súcubo, ya que no hay orden entre ellos.

---

[9] Cfr. P. 14 del libro del P. Amorth.

[10] Cfr. CONCILIO DE BRAGA, Denzinger 238, 8; D-242, 12.

[11] Véase el subapartado de este nuetro libro *El diablo colabora con el brujo, especial con las brujas:s (página* 109).

Queda así, ya viciada, o por lo menos con esa posibilidad toda unión matrimonial, en beneficio del mal en el mundo. Y vuelve a crearse la tensión que ya hemos señalado entre la obra de Dios y Dios mismo, generando un lucha y oposición entre Criatura y Creador, quedando en tela de juicio el mismo libro del Génesis en 1, 26-28 en la afirmación y mandato, después de haber bendecido al hombre y a la mujer, creados a su imagen y semejanza, de *"Sed fecundos y multiplicaos y henchid la tierra y sometedla; mandad en los peces del mar y en las aves de los cielos y en todo animal que serpea sobre la tierra."*

Una última nota respecto al pensamiento del Padre Amorth está sobre una entrevista concedida a un canal de televisión italiana, y subida a youtube por el propio canal[12]. En esa entrevista el P. Amorth afirma que los casos de posesión diabólica son raramente excepcionales, y no se dan con frecuencia. Y ahí pareciera desdecir todo lo presentado en su libro y analizado en este nuestro trabajo; y lleva a preguntar por fin a qué atenerse respecto a sus ideas. De hecho, en otra entrevista subida a youtube por el "Gruppo Famiglia"[13], el P. Amorth sostiene que el miedo del diablo está en que la gente no lo conozca; y muchos de los que no creen en el diablo, es porque esos mismos llevan el diablo dentro. El gran trabajo del diablo es llevar al hombre al pecado para llevárselo al infierno; y en ese sentido toda la predicación de Jesús es contra Satanás. Satanás y todas las escuelas satánicas enseñan que se puede hacer todo lo que se quiera – dice el P. Amorth en esa entrevista-. Por el contrario, Jesús enseña que hay que guardar los diez mandamientos para llegar al paraíso. El satanismo enseña que no hay ningún Dios sobre el hombre, el hombre es el Dios del hombre mismo; no hay autoridad sobre el hombre. Jesús enseña que hay que amar a Dios sobre todas las cosas, y amarlo con todo el corazón, con toda la mente… Y mucha gente, sin saberlo, está siguiendo a Satanás, al hacer lo que se le venga en gana, sin ningún reparo ni reclamo de conciencia. Además, el diablo es repetitivo, es monótono, ya que repite la misma acción y el mismo método desde la caída de Adán y Eva, que es la de presentar el pecado

---

[12] Cfr. Youtube, Incontro con il padre Gabriele Amorth, Esorcista, TG2 (un canal de la televisión italiana), del 25 de marzo de 2012.

[13] Cfr. *Vade Retro,* Padre Gabriele Amorth e Paolo Rodari, (http://www.youtube.com/user/gruppofamiglia3).

 Exorcismos; no

como una conquista, y presenta en esa parte el diálogo entre Eva y la serpiente del libro del Génesis.

Justamente en esa parte, por lo menos en esta entrevista subida a internet por el "Gruppo Famiglia", es muy convincente el P. Amorth en su presentación, ya que según esgrime en su diálogo, en ese sentido, la gente se consagra a Satanás al apoyar el aborto, el crimen, las muertes como encargo y el servicio de mercenarios, como un gran adelanto de la sociedad de hoy, sin ningún tipo de escrúpulo de conciencia. Se convierten en sacerdotes de Satanás, y reniegan del bautismo. Algunos, inclusive, buscan el certificado de bautismo para quemarlo y para renegar del bautismo. Las escuelas satánicas en su diversidad hacen contratos con el diablo para hacer el mal, ya a través de la magia negra, ya a través de la magia blanca; ya para hacer conjuros para que alguien en concreto no se case, por ejemplo, y no consiga trabajo; y así sucede, a través de esos trabajos de maldad. Otros casos de magia blanca, por ejemplo, es pagar para ser curados del cáncer. Se cura por un tiempo, y después se recae de manera más agresiva; precisamente, porque es obra de Satanás. Y, justamente, aquí vuelven a aparecer las contradicciones del P. Amorth, respecto a estos temas: las maldiciones sobre las casas, que se oyen ruidos en las noches, las puertas que se abren solas, de bombillos que explotan de repente en la noche, etc; de llamadas de teléfono sin que nadie hable... de familias perturbadas en sus casas porque están asediadas por el demonio... y en esos casos el diablo se apodera de un objeto concreto de la casa y ahí se esconde, y hasta que no se descubra dónde se haya escondido, no se puede liberar la casa.

No deja de decir cosas realmente interesantes, sin embargo. Pero, sigue en el mismo círculo envolvente de elementos no del todo razonables en relación de la bondad de lo creado, como ya hemos dicho.

Y, finalmente, llama poderosamente la atención la tendencia mariana; es decir, hacia la Virgen en relación con Satanás. La respuesta la da el mismo P. Amorth; y es porque - según Satanás le confesó al mismo P. Amorth cuando el P. Amorth confrontó a Satanás a que le dijera por qué le tenía tanto miedo al hecho de que se nombrara a la Virgen María – y es porque, Satanás jamás ha sido tan humillado por criatura alguna sobre la tierra, como lo ha sido por la Virgen María, al ser la más humilde de todas las criaturas creadas; además, por no tener ninguna mancha de pecado, al ser concebida sin pecado original. Y esto es, inclusive, por encima del mismo Cristo, según manifiesta el P. Amorth en una entrevista hecha al canal TVO 2000, y publicado en youtube, el 14 de abril de 2012 por gruppofamiglia3[14].

En este sentido de la familiaridad entre el P. Amorth y Satanás (pues pareciera que se sientan a conversar)[15], es propicio citar y referir el gran mensaje teológico de la película de Mel Gibson, "La Pasión", en donde se resalta el hecho de que Jesús no da motivo de conversación, ni entraba diálogo con el diablo. Así se puede observar en el mismo comienzo de la película del Mel Gibson, en el Huerto de los Olivos, en donde la figura del diablo busca darle motivo de un tú a tú con Jesús; y por el contrario, Jesús se mantiene conversando con su Padre, a quien le pide que lo libre del momento que se le avecina; y no le contesta para nada al diablo que le está buscando la lengua, por decirlo de alguna manera. En los demás momentos de la película el diablo vuelve a aparecer bajo insinuación, y Jesús, por su parte sigue con la cruz camino al lugar de la crucifixión, seguro y firme en su determinación. Aunque en el Huerto de los Olivos, según la película, hay una pobre interpretación de ese momento, ya que según, Jesús le dice al Padre que lo libre de la trampa que le pusieron. Pero si nos atenemos a todos los evangelios, sobre todo al de San Juan, Jesús era conocedor de todo el plan del Padre. Así lo recogen las cuatro proposiciones de la Comisión Teológica Internacional (1986) en donde se recoge esas afirmaciones dogmáticas de la Iglesia. Pero eso sería ya un estudio aparte sobre la película de Mel Gibson. Pero, en el caso concreto del tema que estamos tratando, es de

---

[14] Cfr. *Vade Retro,* Padre Gabriele Amorth e Paolo Rodari, (http://youtu.be/CuLZuS17zbl), desde el minuto 12 y 52 segundos hasta el minuto 14 y 05 segundos, de esa entrevista.

[15] No es exclusividad del P. Amorth hablar con el diablo... Véase, por ejemplo, otros libros como el de Domenico Mondrone S.I, *Un Exorcista entrevista al Diablo,* 1ª Edición Española 2004 (traducido de la 31 edición Italiana 1976), Editorial Pro Sanctitate, Roma. Aun cuando sea, ciertamente, una invención y un estilo de supuestos, es importante tenerlo en cuenta. No puede faltar en esa mención Monseñor Corrado Balducci, un sacerdote italiano católico, teólogo, ufólogo, demonólogo, exorcista y miembro de la curia Vaticana. Escribió varios libros sobre el mensaje subliminal satánico en la música rock y metálica, sobre posesiones demoníacas y sobre la vida extraterrestre.

 Exorcismos; no

resaltar la familiaridad habida entre el P. Amorth y Satanás, según el mismo P. Amorth confiesa. Este otro elemento llama también la atención y ameritaría un estudio exclusivo en toda la historia de la espiritualidad, para poder comprender la personalidad del P. Amorth. Eso mismo nos hace recordar la novela de Taylor Caldwell, titulada *Diálogos con el diablo*, en donde el autor en su estilo mantiene una comunicación epistolar con el diablo sobre muchos temas; o incluso, nos llevaría a recordar a Dante con su obra *La Divina Comedia*, que no son otra cosa que pura fantasía de escritor; o la leyenda llanera venezolana de *Florentino y el diablo*. Aunque en el caso del P. Amorth, podría catalogarse como revelaciones del diablo, en sus interlocuciones familiares, como si se tratase de dos buenos amigos tomando el té y conversando de esto otro y de aquello otro. Lo curioso es que fuera del caso del libro del Génesis (todo el capítulo 3 del Génesis) en el diálogo entre Eva y la serpiente, no se encuentra en la Biblia otro dato de tanta familiaridad entre estas dos criaturas. Ni siquiera en el libro de Job, ya que es Dios quien mantiene un diálogo con el Satán, como recurso literario del autor; y no así, entre Job y Satán; aunque se podría decir que en el caso de Job, los tres amigos serían la representación del enemigo para tentarlo a caer; pero, no sucede el diálogo entre Job y sus tres amigos, ya que Job va por su camino en el diálogo con Dios, y no con ellos. Job se mantiene lineal, como lineal se mantenían los tres amigos, discurriendo cada cual lo que por sus respectivas partes cada parte mantenía. Por otro lado, en el caso de los evangelios, tampoco se da esa familiaridad entre Jesús y el diablo, ni siquiera en el relato de las tentaciones en el desierto, ya que Jesús no contesta directamente a lo que según el sentido teológico del evangelista San Lucas (4, 1-13) se transmite; pues Jesús responde de manera de fidelidad a las Escrituras, citando el libro de Deuteronomio; y a su vez, entonces, el diablo se pone en el papel de teólogo-bíblico al citar los salmos (cfr. 91, 11-12)[16], para darle motivo y tema de conversación, a los que no da contrapartida Jesús; pues sería, entonces, seguir en el juego que se cita en el libro del Génesis, en el caso de Eva. Aunque se podría alegar que en el caso de Jesús, hay una como especie de

---

[16] Véase el aporte de Benedicto XVI, *Jesús de Nazaret*, tomo I, respecto a las tentaciones en el desierto.

familiaridad en los relatos que vimos en los endemoniados de Cafarnaúm y de Gerasa (véase páginas 51-52 de este nuestro libro); pero, se da, por el contrario, un énfasis a la autoridad y firmeza de Jesús, y no tanto, al tú a tú de Jesús con el diablo.

Llama, en todo caso, la atención la familiaridad entre el P. Amorth y el diablo, de lo que pareciera ufanarse el P. Amorth. No se niega, por otra parte, la gran difusión en la literatura espiritualista de estos casos, como los de Santa Teresa de Jesús[17], San Pablo de la Cruz (1694-1775), el Cura de Ars[18], San Juan Bosco[19], Alexandrina Da Costa (1904-1955)[20], Padre Pío (1887-1968)[21], Nicolás de Flue, patrón de Suiza (1417 - 1487), San Benito Abad, San Benito Cotolengo, Santa Gema Galgani[22], entre otros. Pero son casos que hay que estudiar con mucha seriedad, teniendo en cuenta muchos factores, sin dejar de lado los psicológicos.

---

[17] Cfr. Pedro Palao Pons, *Dimensión desconocida, Más allá de nuestra superación*, Ediciones Robinbook, Barcelona, 2009.

[18] Cfr. El cura de Ars y el demonio, *El Cura de Ars: El Atractivo de Un Alma Pura*, Escrito por Francis Trochu (pp. 291-312).

[19] Cfr. *Memorias Biográficas de Don Bosco*, Volumen 9, Capítulo 47.

[20] Cfr. P. Ángel Peña O.A.R, *Beata Alexandrina Da Costa, Una Sonrisa Celestial*, Lima (Perú).

[21] Yves Chiro, *El Padre Pío: El Capuchino de Los Estigmas*, Ediciones Palabra, S. A., Madrid, 1999, pp. 67-70. Cfr. Francisco Asensi, *El diablo tiene nombre*, p. 27.

[22] Cfr. Germán de San Estanislao/Basilio de S. Pablo, *Santa Gema Galgani, vida de la primera santa del siglo XX*, Ediciones El Pasionario, Madrid, 1977.

 Exorcismos; no

Exorcismos y psicología

Normalmente los que sostienen la existencia del demonio y de posesiones de espíritu, suelen colocar la típica frase de que uno de los trucos del diablo es hacer creer al mundo que él no existe[1]. Más o menos es la idea que alegan para colocarse a la defensiva, y poder justificar la existencia de la práctica del exorcismo. El P. Cándido Amantini, en la presentación en el libro *Habla un exorcista* (del P. Amorth), dice al respecto que, la cultura contemporánea, en su conjunto, considera como una ilusión de épocas primitivas atribuir a agentes distintos de los de orden natural la causa de los fenómenos que acaecen a nuestro alrededor. Es evidente que la obra del maligno se ve enormemente facilitada por esta postura, sobre todo cuando la comparten precisamente aquellos que, por su ministerio, tendrían el deber de impedir su maléfica actividad[2].

Después del Concilio Vaticano II ha habido mucho silencio respecto a lo del diablo. Muchos le han criticado ese "aparente olvido" a los Obispos, y a los teólogos, a quienes se les critica ser, en cierta manera, utilizados por el mismo diablo, a quien le conviene que no se hable de él. Es, apenas entre 1998-1999, y en el período 2005-2011 cuando se ha vuelto sobre la necesidad de volver sobre el tema de los exorcismos. Desde el 2005, en Roma, se ha estado organizando muy tímidamente los primeros intentos de abordar el tema del exorcismo, especialmente en el Pontificio Ateneo Regina Apostolorum; y es entre el 2010-2011 cuando se realizan los dos primeros talleres de estudio, resaltándose los estudios de los aspectos antropológicos, sociales y

---

[1] Esta expresión ha sido muy utilizada por el P. Amorth en sus intervenciones públicas en defensa del exorcismo (entrevista concedida al periódico italiano 30 Días, en junio de 2001). Cfr. Revista TELVA, N° 720.ABRIL 1999: Gabrielle Amorth, Exorcista Oficial de Roma, Cara a Cara con un exorcista.

[2] Página 5 del libro del P. Amorth. Cfr. *Vade Retro*, Padre Gabriele Amorth e Paolo Rodari, en la entrevista que ya se dijo en el capítulo anterior.

fenomenológicos del satanismo; sin obviar los aspectos bíblicos y teológicos, aspectos históricos y teológicos, aspectos litúrgicos, aspectos pastorales y espirituales, aspectos canónicos, aspectos legales, criminológicos y psicológicos; y, el Ministerio del exorcista. Estos cursos han sido bajo el patrocinio de la Congregación para el Culto Divino y la Disciplina de los Sacramentos.

En México también se han realizado ya varios encuentros en los últimos años desde el 2005, uno anualmente. Ya que existen exorcistas, sacerdotes, cristianos bien formados, incluso psiquiatras, que están convencidos de esas manifestaciones y experiencias, teniendo como base de todo una causa sobrenatural. Pero, es necesario algunos planteamientos distintos, como los de la ciencia, para dar o intentar encontrar explicaciones naturales. Eso nos obliga a colocarnos en este capítulo a estudiar la contraparte, para buscar la comprensión de esas manifestaciones. Pues, por otra parte, se puede decir que esas experiencias no son más que trastornos del conocimiento, de la afectividad o del comportamiento[3]. Se puede llegar a pensar, inclusive, que en eso hay razones para suponer la interacción de factores neurológicos y psicológicos. Se puede creer tener la causa, sea ésta neurobiológica o psicológica o una combinación de ambas.

La contraparte del capítulo anterior, en donde se admite la idea de posesión en casi todos los ámbitos de la vida, especialmente en casos de enfermedades prolongadas y de ciclos reiterativos, está la postura de considerar todas esas expresiones y vivencias, como resultados de elementos de enfermedades naturales, ya a nivel de funcionamiento del cerebro (neurológicos), o ya, a nivel mental (perturbación emocional).

Se trata, en todo caso, de presentar ahora esa parte opuesta. Tarea nada sencilla, porque no se trata de fronteras entre o negro o blanco, o de uno o de otro.

---

[3] Cfr. Antoine Vergote Exorcismos: *Punto De Vista De La Psicología Religiosa*, Exorcismes et priéres de délivrance. Point de vue de la psychologie religieuse; La Maison-Dieu 183/184 (1990) 123-137.

 Exorcismos; no

Algunos elementos de consideración y de utilidad:

Combate espiritual:

Se trata de una lucha del hombre para no desviarse del camino de Dios. Ejemplo de esto está en el mismo Jesús de Nazaret, que desde un comienzo de su vida pública, y especialmente durante su pasión y muerte, libra una lucha para no dejarse tentar. La historia de muchos santos reflejan esa lucha interna en esa experiencia de estar atentos e interpretar "los signos de los tiempos" en sus vidas de santidad.

Eso mismo podría decirse que es una lucha natural, que genera en muchos casos, una rigurosidad en su vida mística. San Pablo, en la experiencia del aguijón y de conocer el bien que quería y de hacer el mal que aborrecía, puede ser un ejemplo manifiesto. Pero, no solamente, si cree en el diablo, o no se cree. Es una lucha a favor del camino hacia Dios en su experiencia personal del hombre.

Una praxis pragmática:

Se trata de la división de querer vivir una vida según Dios, en sus propios criterios, y la comodidad de vivir con el bienestar que da la vida moderna. Esto genera una división y se consideran bajo una lucha en la vida práctica. Entonces, se atribuye a fuerzas externas para tranquilizarse en la ambigüedad que esta manera pueda generar. Son importantes los ritos de conjuros, para tranquilizar la conciencia.

Algunos casos naturales de desórdenes:

El tema que estamos intentando no es para nada fácil. Es necesario apuntarlo, sobre todo, porque es preciso fijar las fronteras entre fenómenos paranormales y hechos de casos de algunas alteraciones cerebrales, a veces causadas por fenómenos totalmente naturales. Así tenemos algunos casos, como los que vamos a colocar de inmediato.

Hombres lobos (licántropos):

Son conocidos los casos en Europa de estos fenómenos, como en el siglo XVII, el hombre-lobo francés Jean Grenier, de apenas 13 años, quien según la opinión médica, era víctima de una locura alucinatoria, o licantropía, y por tanto, en vez de condenarlo a la hoguera, se le impuso, una sentencia de encarcelamiento perpetuo entre los muros del monasterio franciscano de Burdeos. Después, 14 personas fueron juzgadas en Francia por brujería y transformaciones en lobos y fueron subsiguientemente absueltas, pero el caso Grenier marca el comienzo de una nueva y significativa aproximación al fenómeno de los hombres-lobo. Los jueces, ante la dificultad de ignorar por más tiempo los alegatos cada vez más enérgicos de los médicos, llegaron a convencerse de que muchos de los presuntos hombres-lobo eran de hecho enfermos que sufrían diversas formas de alucinación mental, una forma de locura que en nada aliviaban las potentes drogas y hechizos a los que se sometían tales pacientes. A esa enfermedad, de sentirse hombres lobo, se le llamó *licantropía*[4], que en psiquiatría es el trastorno mental en que el enfermo se imagina estar transformado en lobo e imita los aullidos de este animal.

Eso llevó a nuevas posturas ante estos fenómenos atribuidos, hasta el momento, a factores externos o sobrenaturales. En toda Europa, los eruditos aplicaban nuevas definiciones a la enfermedad. Así se le pasó a llamar en 1621 «locura lobuna»; y más tarde, se le equiparó la enfermedad con un síntoma de humor melancólico, un producto de la bilis que, según creían los médicos medievales, atacaba al cerebro. Hoy en día, los médicos consideran los aspectos alucinatorios de la licantropía como de origen psicológico: al parecer, la hipocondría puede convertirse a veces en licantropía; es decir, que estados melancólicos profundos y prolongados pueden generar en experiencia de licantropía: personas que se creen lobos. Muchas veces a esa transformación se le considera como un «mecanismo psíquico», pues aunque no presenten una conducta propia de hombres-lobo, muchas personas solventan problemas al nivel subconsciente por medio de violentos

---

[4] Cfr. Sabine Barin-Gould, *The book of were-wolves, being an account of a terrible superstition*, Londres, 1865. Cfr. Diccionario de la lengua española © 2005 Espasa-Calpe: "licantropía".

Exorcismos; no

sueños licantrópicos, especialmente a aquellos que contienen transformaciones, derramamiento de sangre, crímenes crueles y la propia figura del hombre-lobo.

Es distinto del síndrome llamado Hipertricosis Universal Congénita, que son los casos de crecimento exagerado de pelo en todo el cuerpo, como el caso de Juliana Pastrana (la mujer barbuda, en México) y Pedro González (siglo XVI, en Tenerife), entre los 50 casos reportados en la historia.

Posibles causas naturales del hombre lobo:

Se trata de comprender, o de intentarlo, los fenómenos como naturales, sin las ideas supersticiosas. Eso se ha aplicado en los episodios de hombres lobo en Europa durante los siglos XVIII y XIX. Y, para sorpresa se encontró relación de hombre-lobo con un hongo llamado "el cornezuelo".

1.   El cornezuelo:

El cornezuelo[5] es un tipo de hongo del género Claviceps purpurea. Es un hongo parásito del centeno y de otros cereales en el que se encuentran una serie de alcaloides como la ergotamina, ergocristina y otros de propiedades vasconstrictoras, uterotónicas y antagonistas de la serotonina. Infecta hierbas con flores y cereales, como el caso del trigo, a través de una espora. Las esporas de hongos se fijan en el estigma de las plantas y germinan, imitando el crecimiento del polen en el ovario de la planta. El hongo forma un esclerocio oscuro, púrpura (una masa densa de hifas ramificadas) llamado cornezuelo de centeno en lugar del grano de trigo en desarrollo.

---

[5] Cfr. Gordon Anna, el Instituto Nacional de Biología Agrícola, y Fernan Federici, Universidad de Cambridge. También, Los diccionarios y las enciclopedias sobre el Académico (diccionario médico).

2. El ergotismo:

El Ergotismo es la condición (enfermedad) causada por la ingestión de los cornezuelos, los cuales son altamente tóxicos y causan síntomas tales como espasmos, alucinaciones, psicosis, prurito y gangrena. El envenenamiento del cornezuelo de centeno es una de las explicaciones propuestas de embrujo y leyendas tales como la del Hombre Lobo europeo. En la Edad Media, los monjes de la Orden de San Antonio eran conocidos por el tratamiento de esta condición, por lo que la enfermedad llegó a ser conocida como el fuego de San Antonio. Los efectos de los alcaloides del centeno en la intoxicación ergótica se deben a sus propiedades vasoconstrictoras que ocasionan la gangrena de las extremidades. Hay que añadir la toxicidad sobre el sistema nervioso central que se manifiesta por convulsiones, estados depresivos y alucinaciones similares a las observadas con el LSD (derivado de la ergotamina). Sus propiedades oxitócicas provocan abortos y partos prematuros. Este efecto abortivo del cornezuelo del centeno era conocido ya en la edad media siendo utilizado por curanderos y comadronas. A partir del siglo XVIII es utilizado en la práctica obstétrica para facilitar el parto. Hoy día este tipo de intoxicación es casi imposible. La dosis mortal se encuentra en los alrededores de 1 g y los síntomas originados son efectos sobre el sistema nervioso central (convulsiones, vómitos, temblores, cefaleas) y los debidos a los efectos vasoconstrictores: frío en las extremidades, dolores torácidos, gangrena de las extremidades, etc, hipotensión y disnea[6].
El ergotismo se le ha llamado también como "fiebre de San Antonio", "fuego de San Antonio" o "fuego del infierno", a que muchos de los síntomas recordaban el martirio que sufrió el santo cuando se fue a orar al desierto.

2.1) Algunas manifestaciones del ergotismo:

---

[6] Cfr. Los diccionarios y las enciclopedias sobre el Académico (diccionario médico), expresión consultada: "Cornezuelo del Centeno". Traducción del capítulo VI de "*Elementos de Medicina Práctica*", del doctor Guillermo Cullen, Tomo II (1789).

          Exorcismos; no

Los enfermos[7] "atormentados por dolores atroces lloraban en los templos y en las plazas públicas; esta enfermedad, corroía los pies o las manos y alguna vez, la cara". Comenzaba con un escalofrío en brazos y piernas, seguido de una angustiosa sensación de quemazón. Parecía que las extremidades iban consumiéndose por un fuego interno, se tornaban negras, arrugadas y terminaban por desprenderse, "como si se hubiesen cortado con una hacha". La inmensa mayoría sobrevivía, quedando mutilados y deformados enormemente, por la pérdida incluso de los cuatro miembros. La enfermedad atacaba a las mujeres embarazadas.

2.2) Remedios y pasos que se aplicaban:

Rezaban, llevaban amuletos benditos e ingerían infusiones de yerbas, pero a pesar de todo esto, la enfermedad seguía arrasando vidas, lisiando y matando. Peregrinaban al santuario de San Antonio (el pan de San Antonio). Se suponía de manera milagrera que el pan de San Antonio era milagroso y que curaba; pero, en la práctica era que en el camino se cambiaba la dieta, y se dejaba de comer el pan amasado con la harina que contenía el cornezuelo, y, por consiguiente, eso suponía la disminución de los efectos del mal.

En 1597, la Facultad de Medicina de Marburgo, decidió investigar los posibles orígenes de la enfermedad, llegando a la conclusión de que era exclusivamente debida a la ingestión de pan amasado con harina de centeno, contaminada por el cornezuelo del centeno.

3. Algunos casos famoso de ergotismo:

a) Las brujas de Salem, entre otros:

De entre la más famosa está Juana de Arco, con la muerte en la hoguera, en el año 1431. También es famoso el caso de

---

[7] Cfr. Enrique Laval R., *Sobre las epidemias del fuego de San Antonio*, Revista chilena de infectología, 2004; 21 (1): 74-76 .

Giordano Bruno, paradigma del libre pensamiento, opositor a la Iglesia, la escolástica y el oscurantismo[8].

Entre otros también está, en los condados de Essex, Suffolk, y Middlesex (Massachusetts), entre febrero de 1692 y mayo de 1693. Muchas denuncias de alucinaciones y contactos demoníacos surgieron entre un grupo de mujeres de la comunidad de Salem[9] sin procedimientos serios para obtener pruebas de tales prácticas, sino que casi todas las acusaciones se basaban en rumores. Después, el gobernador Phips disolvió el juzgado especial, y en 1703 la colonia pidió disculpas y dieron compensaciones a los familiares de aquellos acusados de brujería.

Dos son las posturas que se pueden asumir frente a estos casos un poco normales. La primera, es una explicación de agentes y fenómenos externos a la naturaleza que intervienen en la explicación de esas realidades perturbadoras. Eso lleva a colocar en otras dimensiones la causa. Pero, la otra postura es la de intentar comprenderlas desde la naturaleza misma, con la ayuda del conocimiento. De inmediato, damos la primera manera de explicar esos fenómenos.

ALGUNAS EXPLICACIONES Y APLICACIONES

El ámbito religioso:

1) Definición de bruja:

Desde 1484, a partir de la bula *Summis Desiderantes,* del papa Inocencio VIII, Sprenger y Kramer, ambos alemanes, escribieron un manual para cazadores de brujas (Malleus

---

[8] Según el estudio preliminar y presentación de la edición de Círculo Latino (páginas 9-10) de Heinrich Kramer-Jakob Sprenger, *Malleus maleficarum*: el martillo, El libro infame de la inquisición, Editorial Círculo Latino, 1ª edición, Barcelona-España, 2005. cfr. Erik Durschmied, *La cruzada del odio*, cazadores de brujas, Una apasionante crónica histórica y periodística, Ediciones Robinbook, España.

[9] Cfr. Antón Adams, *Brujas y Magos*, Editorial Edaf, S. A., tercera edición, Chile, 2002, Impreso en España, Gráficas Cofa, S. A., pp. 20-24. Alfredo Floristán y autores varios, *Historia Moderna Universal*, Editorial Ariel, Barcelona-España, segunda impresión, 2007.

   Exorcismos; no

Maleficarum[10]: martillo de las brujas), al cual incorporaron el edicto pontificio, para descubrir, examinar, encarcelar, interrogar y torturar a las brujas, con especial hincapié para obtener confesiones, en una novena por ciento de los casos en mujeres (más de setecientas personas)[11]. La definición de bruja se debe al inquisidor Bodin, para quien, *"bruja es aquella que conociendo la ley de Dios intenta realizar alguna acción mediante un acuerdo con el diablo"*.

2)   Radio de acción de la aplicación:

Inicialmente era para perseguir a cátaros[12] (formada especialmente por un gran grupo de mujeres[13]) y albigenses, herederos del maniqueísmo, para proteger la Iglesia de herejías. Después pasó su aplicación a brujas, adivinos, blasfemos, y a todo aquel que atentara contra la fe y la unidad de la Iglesia. Más tarde también a judíos convertidos al cristianismo, sobre todo en España (famosos perseguidores fueron Fray Tomás de Torquemada y Fray Diego de Deza, entre otros).

---

[10] Cfr. Heinrich Kramer-Jakob Sprenger, *Malleus maleficarum*: el martillo, El libro infame de la inquisición, Editorial Círculo Latino, 1ª edición, Barcelona-España, 2005. Cfr. Frank Donovan, *Historia de la Brujería*. Cfr. *El martillo de la brujas*, para golpear a las brujas y sus herejías con poderosa masa, Miguel Jiménez Monteserín (traductor), Editorial Maxtor, Valladolid, 2004.

[11] Según el estudio preliminar y presentación de la edición de Círculo Latino (página 5) de la edición citada en la nota anterior. En la página 20 del mismo libro, los editores, en el capítulo *"La tortura en nombre de Dios"*, dicen textualmente: "Uno de los rasgos más originales y tremendos del *Malleus mafeficarum* fue la animadversión contra las mujeres, a las que se atribuía la exclusiva encarnación de la bruja" (fin de la cita). La mujer era vista como enemiga de la Iglesia (pp. 25-27).

[12] Véase también de Alain Demurger, *Cruzadas: una historia de la guerra medieval*, traducción de José Miguel González Garcén, Ediciones Paidós Ibérica, S.A. Barcelona-España, 2009.

[13] Cfr. Anne Brenon, *Las mujeres cátaras*, Barcelona, 2001. Cfr. La cruzada contra los cátaros. Anne Brenon, *Las mujeres cátaras*, Tikal, Barcelona, 2001. René Nelli, *Los cátaros del Languedoc en el siglo XIII*, José Olañeta, Palma de Mallorca, 2002.

3) Malleus malleficarum (contenido):

Este manual fue escrito por Heinrich Kramer y Jacobus Sprenger, dos monjes dominicos.

Es de hacer notar una especie de parecido con la forma de hablar en el libro del padre Gabrielle Amorth (hasta en la misma lógica deductiva, aunque se descubre más crudeza respecto a las mujeres, especialmente las brujas), que presentáramos ya en un capítulo anterior (página 81 y siguientes).

Existe el hechizo:

Es verdad católica – según se expone en la cuestión primera del documento en materia – de que hay hechiceros que pueden realizar efectos maléficos con el auxilio del demonio, en virtud del pacto que con él celebraron y con el permiso de Dios[14]. Por medios reales pueden producir efectos reales, y no imaginarios, especialmente a través de algunas mujeres que hacen pacto total, real y corporalmente con el demonio para hacer maleficios, como dolor u otras formas de padecimientos. Pero, por invocación de estas mujeres, ya que los demonios discurren por el mundo, y acuden a su invocación. Todo con el permiso de Dios.

El diablo colabora con el brujo, especial con las brujas:

El diablo no puede hace nada aquí abajo sin los brujos; es decir, a través de contacto, y es clasificado en cuatro especies: ministeriales, dañosos, maléficos y naturales. Los ministeriales, los que vienen por los ángeles buenos; los dañosos, los que vienen por la acción de los malos espíritus, y son incursiones de los ángeles malos, a través de magos y brujos; y naturales, aquellos que son causados por influjo de los cuerpos celestes y de los inferiores, como mortandades, esterilidad de la tierra, y cosas por el estilo. A

---

[14] Seguimos en esta presentación el texto que nos da el libro *El martillo de la brujas*, para golpear a las brujas y sus herejías con poderosa masa, Miguel Jiménez Monteserín (traductor), Editorial Maxtor, Valladolid, 2004. Véase en concreto las páginas 35-47, donde se trata de la cuestión primera, donde se fundamenta, en la autoridad de San Agustín y Santo Tomás de Aquino, entre otras, de la existencia de la posibilidad de maleficios, por conjuras al diablo por parte de las bruja. Nótese el parecido del lenguaje con el libro del padre Gabriele Amorth (*Habla un exorcista*).

                    Exorcismos; no

este punto se habla de los "demonios incubos" (yacer, acostarse, de violar según el mismo libro dice citando a San Isidoro) y "demonios súcubos (reposar debajo)". El primer caso es la mujer que tiene relaciones con un demonio; y el segundo, es el diablo que se reviste de mujer para tentar al hombre y tener relaciones con él; todo en función de procrear, pero en función no del placer, sino de herir por el vicio de la lujuria a la naturaleza espiritual y corporal del hombre, para hacer al hombre más inclinado a todos los vicios. Ya que el demonio no tiene la facultad de crear, se vale de la unión matrimonial para cambiar el semen de uno para transmitírselo a otro. El matrimonio es querido y bendecido por Dios, pero el demonio se vale de eso, ya que no puede crear nada por sí mismo, y con el permiso de Dios el matrimonio puede ser viciado a Fortiori y el maleficio puede actuar en todo "acto venéreo"[15] entre hombre y mujer. Y esto es obra de los demonio, tanto el acto incubo como el acto súcubo, ya que no hay orden entre ellos.

Es sobre las mujeres donde se encuentra esta preferencia y escogencia del demonio, porque entre cosas son muy crédulas, son más impresionables para visiones en especial a través de los sueños; y tienen una lengua fácil y mentirosa. De la malicia de la mujer habla el libro del Eclesiástico, que no es superada por nada en su malicia, y citando a San Crisóstomo dice que la mujer es "la enemiga de la amistad, el mal necesario, la tentación natural, la calamidad deseable, el peligro doméstico, el perjuicio delectable, el mal de la naturaleza pintado con buen color". Hay mujeres que son la excepción como Judith, Débora y Esther, entre otras muchas. Y, así, las cosas de brujería provienen de la pasión, que es insaciable en algunas mujeres, que para saciar su apetito se entregan al diablo, entregándose a todo tipo de maleficios. Todo en función de someter al hombre a todo tipo de perversión. Sus crímenes son tan graves que superan los pecados de los malos ángeles. Los pecados de las brujas son contra el Creador y contra el Redentor.

---

[15] Expresión utilizada en la Suma Teológica de Santo Tomás de Aquino, en parte II-IIae, cuestión 153 (sobre la lujuria), y utilizada en el texto de la *Malleus malleficarum* (cuestión tercera). "Acto venéreo" significa orgasmo, placer, y está referido al hecho del matrimonio (cfr. P. Jorge Loring, *Ética del placer sexual*).

La bula del Papa Inocencio VIII (contenido):

Comienza la bula[16] con el acostumbrado "Nos"[17], propio de los documentos oficiales de la Iglesia, que requieren sumisión a la autoridad que representa.

Situación y causa que origina la bula:

Después, presenta la alarma que origina la bula, y es que:

En algunas partes de Alemania septentrional, así como en las provincias, municipios, territorios, distritos y diócesis de Magancia, Colonia, Tréveris, Salzburgo y Bremen, muchas personas de uno y otro sexo, despreocupadas de su salvación y apartadas de la Fe Católica, se abandonaron a demonios, **íncubos y súcubos**[18]*, y con sus encantamientos, hechizos, conjuraciones y otros execrables embrujos y artificios, enormidades y horrendas ofensas, han matado niños que estaban aún en el útero materno, lo cual también hicieron con las crías de los ganados; que arruinaron los productos de la tierra, las uvas de la vid, los frutos de los árboles; más aun, a hombres Y mujeres, animales de carga, rebaños y animales de otras clases, viñedos, huertos, praderas, campos de pastoreo, trigo, cebada y todo otro cereal; estos desdichados, además, acosan y atormentan a hombres y mujeres, animales de carga, rebaños y animales de otras clases, con terribles dolores y penosas enfermedades, tanto internas como exteriores; impiden a*

---

[16] Dado en Roma, en San Pedro, el 9 de diciembre del Año de la Encarnación de Nuestro Señor un mil y cuatrocientos y cuarenta y ocho, en el primer Año de Nuestro pontificado (Inocencio VIII).

[17] Se utilizaba antiguamente como pronombre de primera persona del singular (en lugar de nosotros) y en la actualidad lo usan así algunas personas de elevada jerarquía, especialmente reyes o papas (cfr. *Diccionario Manual de la Lengua Española Vox*. © 2007 Larousse Editorial, S.L, palabra consultada: "Nos"). Es el plural mayestático: Nos. en vez de Nosotros.

[18] Las negrillas son nuestras, para resaltar la misma idea del manual de los monjes dominicos (véase p. 110).

 Exorcismos; no

los hombres realizar el acto sexual y a las mujeres concebir, por lo cual los esposos no pueden conocer a sus mujeres, ni éstas recibir a aquéllos; por añadidura, en forma blasfema, renuncian a la Fe que les pertenece por el sacramento del Bautismo, y a instigación del Enemigo de la Humanidad no se resguardan de cometer y perpetrar las más espantosas abominaciones y los más asquerosos excesos, con peligro moral para su alma, con lo cual ultrajan a la Divina Majestad y son causa de escándalo y de peligro para muchos.

Nombramiento y reiteración de la autoridad inquisidora:

Se reconoce de inmediato, y se reitera el nombramiento de Heinrich Kramer y Jacobus Sprenger, Inquisidores de estas depravaciones heréticas, para lo que se pide eliminar todos los impedimentos y obstáculos que pudieren retardar y dificultar la buena obra de los Inquisidores, así como de aplicar potentes remedios para impedir que la enfermedad de la herejía se extienda (también en las regiones mencionadas en el comienzo de la bula). E, inmediatamente, decreta y manda que los mencionados Inquisidores tengan poderes para proceder a la corrección, encarcelamiento y castigo justos de cualesquiera personas, sin impedimento ni obstáculo algunos, en todas las maneras. La autoridad es a cada uno de ellos por separado o a ambos, así como también a Juan Gremper, cura de la diócesis de Constanza, Maestro en Artes, como su notario, o a cualquier otro notario público que estuviere junto a ellos, o junto a uno de ellas. La aplicación es contra cualesquiera personas, sin distinción de rango ni estado patrimonial, y para corregir, multar, encarcelar y castigar según lo merezcan sus delitos, a quienes hubieren sido hallados culpables, adaptándose la pena al grado del delito. Además, disfrutarán de la plena y total facultad de exponer y predicar la palabra de Dios a los fieles, tan a menudo como la oportunidad se presentare y a ellos les pareciere adecuada, en todas y cada una de las iglesias parroquiales de dichas provincias, y podrán celebrar libre y legalmente cualesquiera ritos o realizar cualesquiera actos que parecieren aconsejables en los casos mencionados. Y todos tienen que colaborar, so pena también de castigo y pena, como con la excomunión, la suspensión, la interdicción y penalidades, censuras y castigos aun más terribles, y sin derecho alguno a apelación; para lo que puede apelar a la ayuda del brazo secular, pues sobre él caerá la ira de Dios todopoderoso, y de los Santos Apóstoles Pedro y Pablo.

El ámbito de la ciencia:

1)   Cada cosa en su lugar:

Sin colocarnos a ser jueces de los acontecimientos de la historia, porque se erraría; pero, sin negar las nefastas consecuencias de muchas de esas aplicaciones históricas, pasamos, ahora a presentar la otra aplicación de la interpretación de tantos fenómenos que superan la inmediatez comprensiva de la historia. En ese sentido, es muy recomendable el estudio preliminar que hace Miguel Jiménez Monteserín, en la edición que ya tenemos citada, sobre la Malleus Maleficarum, para tratar de entender ese momento histórico. Es muy importante el análisis que hace Miguel Jiménez Monteserín, de la personalidad de los autores de tan desastrosa obra de la Inquisición, en la que es preciso resaltar una sociedad en crisis, política y social, del que no es excepción *"El Sacro Romano Imperio"*, en disputa por *"el dominium mundi"* (Imperio vs. Iglesia, y viceversa), representados en Carlos IV y Juan XXII, en 1325, fecha en que comienza la declaración de las pugnas por el poder, y que fueran resueltas con la firma del Concordato de Viena, firmado por Martín V y el emperador Federico III. Situación complicada dentro de la misma Iglesia, por la división provocada por el cisma de Occidente (1375-1447), primero; y después con la Reforma Luterana. En ese ambiente político, social y psicológico se comprende un poco la línea autoritaria que se origina con la práctica inquisitoria, en contra de intromisiones políticas y de desmanes en la sociedad de entonces, siendo los dominicos los *"Domini canes"* (los perros del Señor[19]),

---

[19] Cfr. Autor Bernardo Vega, *Domini canes*, 4ª Edición, Editor Fundación Cultural Dominicana, 2001. Cfr. Raphael Sabatini, *Hounds Of God*, Editor House of Stratus, 2008 (especialmente, el primer capítulo que trata sobre la "misantropía", como también el capítulo 18, donde habla de los "perros del Dios", Houns of God).

                    Exorcismos; no

por encargo del Papa Gregorio IX, en esas tareas de defensa de la fe de las herejías; siendo, así entre otros, los cátaros, los albenses y albigenses, los primeros perseguidos en la aplicación de las medidas.

Por otra parte, ya el mismo Papa Juan Pablo II, desde el año 1998[20], venía abordando sobre la necesidad de reconocer y de pedir perdón por lo de la Inquisición, en el temario de preparación[21] de la celebración del Jubileo del año 2000, y reconocía los distanciamientos de la Iglesia de la vivencia del Evangelio, sobre todo de la imposición de la verdad por sobre el valor de la persona humana. Aunque se puede decir, en cierta manera, que el Papa Juan Pablo II, ya venía dando pasos agigantados, cuando el 9 de mayo de 1983, anunció públicamente la revocación de la condena a Galileo Galilei, que databa del año 1633[22]. Pero, si tomamos el hecho directo y concreto de la Inquisición, tenemos que decir que es el 12 de marzo del año 2000, cuando frente a la Piedad de Miguel Ángel, en un acto solemne con el Papa Juan Pablo II, se hace públicamente la petición de perdón. En esa oportunidad se hizo en acto solemne las siete peticiones de perdón[23]. En ese acto, el cardenal africano, Bernardin Gantin, Decano del Colegio cardenalicio, comenzó pidiendo la purificación de la memoria de los cristianos; el cardenal Joseph Ratzinger, confesó las culpas de hombres de Iglesia, quienes, en nombre de la fe y de la moral, han recurrido a veces a métodos no evangélicos en su justo deber de defender la verdad. El cardenal vasco-francés, Roger Etchegaray, confesó los pecados que han

---

[20] Carta dirigida por el Papa Juan Pablo II al cardenal Roger Etchegaray con motivo de la publicación de las «*Actas del Simposio Internacional "La Inquisición"*, Vaticano, 15 de junio de 2004.

[21] Comisión Teológica Internacional, *Memoria y Reconciliación la Iglesia y las culpas del pasado*.

[22] En el año 2009, año dedicado a la Astronomía, se publicó en Italia el volumen *"Galileo y el Vaticano"*, de Mariano Artigas y de monseñor Melchor Sánchez de Toca (editorial Marcianum Press). El texto recorre la obra de la comisión de estudio del caso Galileo Galilei, promovida por Juan Pablo II desde el 3 de julio de 1981 hasta el 31 de octubre de 1992, año del 350° aniversario de la muerte de Galileo (nota hecha por Mercedes de la Torre, y publicado en Zenit, bajo el título de GALILEO Y EL VATICANO: UN CASO NUNCA ARCHIVADO, 24-04-2009).

[23] Véase el apéndice en la página 139, el contenido de las siete peticiones de perdón.

dividido a los cristianos. El cardenal Edward Cassidy, reconoció los atropellos cometidos contra el pueblo de la Alianza, el pueblo de Israel. El arzobispo japonés, Stephen Fumio Hamao, hizo una confesión pública de las culpas cometidas con comportamientos contra el amor, la paz, los derechos de los pueblos, el respeto de las culturas y de las religiones. El cardenal nigeriano, Francis Arinze, invitó a pedir perdón por los pecados que han herido la dignidad de la mujer y del género humano. Por último, el arzobispo vietnamita, François Xavier Nguyên Van Thuân, pidió por los pecados que afectan a los derechos fundamentales de la persona.

La extraordinaria ceremonia[24] comenzó con un momento de plegaria en silencio frente a la Piedad de Miguel Ángel, mostró su alcance en la homilía del Papa y llegó a su culmen en el acto de penitencia durante la plegaria universal. Era una liturgia sin precedentes por su contenido e intensidad en continuo crescendo a medida que se leía cada una de las siete culpas, se encendía una llama en el candelabro y se cantaba un *"Señor, ten piedad"*.

A las siete peticiones de perdón, el Papa añadió cinco *!Nunca más!* para el futuro de la Iglesia: ¡Nunca más negaciones de la caridad en el servicio a la verdad; nunca más gestos contra la unidad de la Iglesia; nunca más ofensas a otros pueblos; nunca más el recurso a la violencia; nunca más discriminaciones, exclusiones, opresiones, desprecio de los pobres y de los últimos!. A continuación, Juan Pablo II caminó fatigosamente hacia el crucifijo y lo besó. Eran las 10.57 de la mañana de la Jornada del Perdón del Año Santo de 2000. El Santo Padre cumplía un deseo vivísimo, sentido como una obligación personal ante Dios: purificar la Iglesia en su entrada en el Tercer Milenio, como nos lo refiere y cuenta el periodista Juan Vicente Boo, corresponsal de la prensa española, al hablarnos de tan gran suceso noticioso, del año 2000.

A este punto, es importante señalar algunas cosas muy significativas que se encuentran en el documento *Memoria y Reconciliación la Iglesia y las culpas del pasado,* de la Comisión Teológica Internacional. Así, es de hacer notar que es la primera vez en la historia de la Iglesia que se pide perdón por las culpas del pasado; sin dejar de referir, por supuesto, los casos de intentos de

---

[24] Cfr. *Juan Pablo II pide perdón, por las culpas de la Iglesia para dar al mundo un ejemplo de paz,* ROMA. Juan Vicente Boo corresponsal, 2000, Prensa Española S.A.; cfr. L'Osservatore Romano, 17 de marzo de 2000.

                    Exorcismos; no

Adriano VI, que deploraba culpas contemporáneas, precisamente las de su predecesor inmediato León X, y las de su curia, sin asociar todavía a ello, no obstante, una petición de perdón. Pablo VI, respecto a la división de la Iglesia, pide perdón a los hermanos separados de Oriente, respecto a la división; pero no a la sociedad civil. Ya el Papa Juan Pablo II venía abonando el terreno, en algunos acontecimientos históricos, como por ejemplo en el año 1992, en Santo Domingo, donde pide perdón a los indios de América Latina y a los africanos deportados como esclavos (*Mensaje a los indios de América, Santo Domingo, 13-10-1992, y Discurso en la Audiencia general del 21-10-1992*); el Papa Juan Pablo II, contra los moravios, «pide perdón, en nombre de todos los católicos, por los comportamientos ofensivos para con los no católicos en el curso de la historia» (cfr. canonización de Jan Sarkander, en la República checa, 21-5-1995). Y, diez años antes había pedido perdón a los africanos por la trata de negros (Discurso en Yaoundé, 13-8-1985)[25].

Otro elemento de resaltar es, además, de reconocer que cada uno responde por sus propias culpas, y nadie puede arrepentirse en lugar suyo o pedir perdón en su nombre, no se puede negar, sin embargo, los pecados sociales, para lo que es muy importante el estudio equilibrado de la historia, donde converjan todos los métodos de estudio, desde el social, antropológico, cultural, bíblico, teológico, pastoral y religioso del hecho histórico, para juzgar adecuadamente el pasado, sin anacronismos de ningún tipo. El documento aclara que su petición de perdón no debe ser entendida como ostentación de humildad ficticia, ni como retractación de su historia bimilenaria, sino más bien a una exigencia de verdad irrenunciable, que, junto a los aspectos positivos, reconoce los límites y las debilidades humanas de las sucesivas generaciones de discípulos de Cristo. Por su responsabilidad hacia la verdad la Iglesia «*no puede atravesar el umbral del nuevo milenio sin animar a sus hijos a purificarse, en el arrepentimiento, de errores, infidelidades, incoherencias y lentitudes. Reconocer los fracasos de ayer es un acto de lealtad y de valentía*». Ello abre para todos un mañana nuevo.

2)   Un aparente retroceso en el año 1999:

---

[25] Cfr. La nota 19 de *Memoria y Reconciliación la Iglesia y las culpas del pasado.*

La noticia de la creación de una Comisión para tratar la aplicación en la vida práctica de los exorcismos, en el año 1999, y sobre todo, desde la publicación del Nuevo Ritual de Exorcismos, se generó un momento de confusión y de alarma en muchos ambientes. Se pensó que la Iglesia estaba retrocediendo. El motivo de la incomodidad estaba más que justificada, pues se pensaba que al volver sobre lo andado, se irían a repetir los errores del pasado. Pero, eran dos cosas distintas, ya que el hecho de que se volviera sobre la realidad de la posibilidad de los exorcismos y su práctica, no significaba con ello, que se estaría volviendo sobre las prácticas inquisidoras o de represión, que tanto han creado antitestimonio evangélico. Dos caminos distintos y dos realidades, no necesariamente compatibles.

Aunque no deja de generar alguna intranquilidad el hecho de que la Iglesia vuelva sobre la práctica de exorcismos, sobre todo si se tiene en cuenta la manera de presentar su pensamiento el P. Amorth en su justificación de esa posible realidad, pues se volvería a repetir la tirantez entre lo creado y el Creador.

3) Exorcismos en la actualidad:

Ya se ha dicho la diferencia de apreciaciones respecto a algunas enfermedades que eran atribuidas a causas externas a la naturaleza, y la realidad concreta, en el caso de los famosos hombres-lobo, y su relación con el trastorno provocado por el cornezuelo. Gracias al descubrimiento de su causa natural, en la ingesta de la dieta diaria, se ha llegado a quitar mitos que en otros tiempos no eran más que espantos. No deja de asombrar, sin embargo, el que hoy se crea en fuerzas no naturales de muchos males. Por eso, el gran asombro del aparente retroceso sobre el exorcismo y su aplicación, y su gran crecimiento y auge, a pesar de haberse ganado mucho en nuestra sintonía con nosotros mismos y la naturaleza, trabajando en armonía, y no como dos realidades opuestas, sino unidas en la misma realidad de corporeidad y espíritu. Ya en este aspecto se ha ganado mucho terreno. Y el miedo está en cualquier riesgo de regreso, por muy mínimo que sea.

      Exorcismos; no

Sólo hay exorcismo si hay alguna creencia religiosa:

En todo caso, precisemos que el exorcismo es un ritual cristiano sólo válido para el creyente. Se trata de un ritual de fe por el cual se intenta expulsar a un demonio del cuerpo de un sujeto el cual ha sido poseído. Con esto la Iglesia Católica afirma la existencia del Demonio. Para la ciencia, sin embargo, el exorcismo sería un tratamiento médico.

Para la medicina, el exorcismo, es un tratamiento de choque contra una alteración mental. El psiquiatra podría usar otras técnicas o tratamientos, pero teniendo en cuenta que el enfermo cree estar poseído, en su creencia o superstición, así como aquellos que le rodean, el psiquiatra usaría esa fe para hacer el choque mental.

Para algunos de la Iglesia Católica, el único método válido para expulsar a un demonio, es el exorcismo, que consiste en un ritual preparado para expulsar a un demonio del cuerpo. En algunos casos se trata de una experiencia de pecado que supone, para el sujeto, haber expulsado la Gracia y haber dado cobijo al Mal. Hay varios tipos de exorcismos, desde el bautismo (donde se exorciza el Pecado Original), pasando por el sacramento del perdón, hasta el clásico Exorcismo.

El exorcismo consiste principalmente en oración. La forma de luchar contra el Demonio es orando, entregándose al poder salvador y liberador de Jesucristo. No se puede hablar de exorcismos, sin tener como fundamento la fe. Si la persona no tiene fe, o no está ligada a algún lazo religioso, del que tipo se sea, no habrá la más mínima posibilidad de un efecto y causa exorcistas.

Por otro lado, tampoco se puede negar que esos estados y experiencias son lo que muchos han llamado "trastornos de la razón", como lo dice en el libro *Dios salve la razón*, Benedicto XVI y otros autores[26]. En ese libro, la idea principal está en que hay que salvar la razón, ya como método y pedagogía (Lessing), para llegar al hombre adulto, y después superar a la religión

---

[26] Autores: Benedicto XVI, Gustavo Bueno, Wahl Farouq, André Glucksmann, Jon Juaristi, Sari Nusseibeh, Javier Prades, Robert Spaemann, Josep Weiler (traducción: Lázaro Sanz, Ediciones Encuentro. S.A., Madrid, 2008).

misma[27] (el cristianismo) por la filosofía (la razón), pero con la propia limitante que tiene la razón al no poder responderse a sí misma en la búsqueda de sentido en la apertura como anhelo; de donde se dará el encuentro de la esfera de la razón con la esfera de lo que se quiere (volitiva, deseo), y la corporalidad como la primera instancia. Entonces, es cuando hay que recurrir a la unidad de la experiencia humana en todas sus dimensiones; es decir, someter la razón humana a la propia experiencia (Jean Guitton). Eso mismo dará la conjunción de lo bello, bueno y verdadero de toda experiencia humana (pulchrum, bonun y verum), como acceso a lo real[28]; ya porque no hay otro motivo que impulse al hombre a filosofar que no sea su felicidad (San Agustín), para lo que se hace inseparable la realidad cuerpo-alma, hombre-mujer, individuo-comunidad; ahí su identidad y su diferencia[29], quitándole a la razón el hecho de instrumentalizar, tanto de sentido como afectivamente. Y ese hecho de buscar salvar la razón nos llevará necesariamente a Dios, quien es quien salva la razón, justamente en lo creado. Dios es "el otro", a lo que tiende la razón; el Dios creador, infinitamente libre, es la respuesta metafísica a la razón del hombre que busca su fundamento, y que tiene que ser necesariamente un Dios histórico que habla y un hombre en la apertura de su escucha. Ese es el valor de modernidad.

No se puede, entonces, volver a los intentos de minimizar la experiencia en crecimiento de la riqueza maravillosa de la razón.

---

[27] Véase en este sentido la primera parte del libro del P. Daniel Albarrán, *Preguntas y respuestas de toda persona inquieta sobre la oración*, 2007, en el que el autor señala que es necesario quitarles la pretensión de la posesión en exclusividad de Dios a todas las religiones, sin distinción.

[28] A este respecto, es valioso el aporte hecho en el libro *¡Milagro!... ¡Milagro!* (del P. Daniel Albarrán), en donde se hace filosofía del arte, y se expone la idea de que el arte nos lleva a la maravillosa experiencia de lo hermoso, como la fuente única de la experiencia de Dios, que une a todos los hombres en el mismo encuentro y punto de unidad. El arte está sobre la misma experiencia de la religión, a la que supera con creces, por provocar cambios y saborear la satisfacción del encontrar-encontrado en la constante apertura del ser, que se auto-encuentra en esa mismo círculo que lo envuelve y supera, al mismo tiempo.

[29] Cfr. Javier Prades, *Presentación, Un testigo eficaz: Benedicto XVI*, en el libro *Dios Salve la razón*, pp. 7-28.

    Exorcismos; no

No se trata de la razón por la razón en sí misma, porque sería utilizar la instrumentalización de la razón, pues no sería y no es absoluta. Ya que la razón tiende al Otro, a su Fundamento, en la apertura en la escucha de un Dios que habla en la historia. Porque no se trata, precisamente, de endiosar a la razón de por sí, ya que ella misma encuentra la limitación de sus propias preguntas y respuestas, y llega a un límite que no satisface en la búsqueda, porque no encuentra la respuesta, sino en la apertura[30].

---

[30] Véase Benedicto XVI, *Discurso a la Curia Romana del 22 de diciembre del 2005*. También la intervención del Papa Benedicto XVI en la Universidad de Regensbur el martes 2 de septiembre de 2006. Cfr. Gustavo Bueno, *¡Dios salve la razón!*, en el libro del mismo título, pp. 57-92, ya citado en las notas 26 y 29, de este nuestro libro.

CUARTA PARTE

Hemos visto ya en los capítulos anteriores todos los exorcismos y sus posibles ritos y oraciones. Ahora, en esta parte, trataremos del auténtico exorcismo, que es el que practica verdaderamente la Iglesia. Porque, de hecho, toda la actividad de la Iglesia es en función de vencer el pecado. Para eso Cristo muere en la cruz; y para perpetuar esa obra en la acción del Espíritu Santo, la Iglesia es constituida por Jesucristo como Sacramento de Salvación. Y eso no es otra cosa que exorcismo puro. Pero distinto de los que hemos presentado en las dos partes anteriores.

Es de resaltar que en esos formularios y ritos de exorcismos, que hemos visto ya, hay muy poca, o casi nada, de referencia a la Eucaristía. Se nota un total desprendimiento del eje central del hecho mismo de la Salvación. Ese detalle es necesario resaltarlo. Sobre todo, porque en esta cuarta parte, todo va a girar, precisamente, en torno a la Eucaristía, fuente y origen de toda la actividad de la Iglesia y del cristiano, como se señala en la Sacrosanctum Concilium, en los números 2 y 7, por una parte (cfr. Lumen gentium, sobre la Iglesia, 11; Ecclesia de Eucharistia, 1); y además, porque la Eucaristía es el exorcismo por excelencia, como trataremos de presentar en este nuevo capítulo.

Estructura de la Misa:

Toda la celebración de la Eucaristía, no es más que una aplicación del más estricto sentido de exorcismo.

Desde el mismo comienzo de la Misa:

Ya sólo como se comienza la celebración, así lo indica. Se comienza diciendo "EN EL NOMBRE DEL PADRE, Y DEL HIJO, Y DEL ESPÍRITU SANTO". Y en esa misma fórmula queda implícito el mandato de Jesús a los Apóstoles de ir al mundo entero a predicar el Evangelio (cfr. Mt. 28, 18-19), que era una condición del poder dado a los doce, como habíamos señalado en su respectiva oportunidad (véase página 66 y siguientes), cuando

    Exorcismos; no

decíamos que, "*habiendo convocado a los doce apóstoles, les dio poder y autoridad sobre todos los demonios y para curar enfermedades*" (Lc 9, 1; Mc. 6, 7; 16, 15-18; Mt. 10, 1; 28, 18-20).

El Acto penitencial:

Apenas comenzada la celebración litúrgica por excelencia (la Eucaristía), de inmediato se procede a pedir perdón, en el acto penitencial. El sacerdote invita a los participantes, al decir, que, "*para celebrar dignamente estos sagrados misterios, reconozcamos nuestros pecados*". O la otra fórmula: "*El Señor Jesús, que nos invita a la mesa de la Palabra y de la Eucaristía, nos llama ahora a la conversión. Reconozcamos, pues, que somos pecadores e invoquemos con esperanza la misericordia de Dios*". Y, enseguida, se continúa con el rezo y la manifestación publica de pecador penitente que pide perdón, al decir: "*Yo confieso ante Dios todopoderoso y ante ustedes, hermanos, que he pecado mucho de pensamiento, palabra, obra y omisión. Por mi culpa, por mi culpa, por mi gran culpa. Por eso ruego a santa María, siempre Virgen, a los ángeles, a los santos y a ustedes, hermanos, que intercedan por mí ante Dios, nuestro Señor*. Y el sacerdote concluye con la absolución: "*Dios todopoderoso tenga misericordia de nosotros, perdone nuestros pecados y nos lleve a la vida eterna*".

Desde el mismo comienzo de la Eucaristía, no deja de ser, nada más y nada menos, que un exorcismo en su totalidad.

Liturgia de la Palabra:

Sólo, entonces, se pasa a la parte que complementa y condiciona el envío y el mandado a los "doce", que habíamos señalado cuando decíamos del mandato de Jesús a los Apóstoles, en el relato del evangelio de San Marcos, que: "*Instituyó Doce, para que estuvieran con él, y para enviarlos a predicar con poder de expulsar los demonios*" (Mc. 3, 13-15)". Siempre condicionado por la "predicación"; lo que exige, el escuchar su palabra, que es la parte que continúa en la celebración de la Eucaristía. Se trata, además, del mismo precepto todavía válido del Antiguo Testamento, de "escucha, Israel" (Shemá Israel): "*Escucha Israel: el Señor nuestro Dios es el único Señor. Amarás al Señor tu Dios con todo tu corazón, con toda tu alma y con toda tu fuerza*" (Dt 6, 4-5).

Es en la escucha de la Palabra, donde nuestro corazón se abre a la rica experiencia del amor de Dios, y por la que se abre el entendimiento para comprender el amor inefable de Dios para con el hombre, en la persona de su Hijo, hecho carne para la salvación, como se confiesa en el Credo, que también es parte esencial de la fe de la Iglesia, y que, igualmente, pertenece a la estructura de la Eucaristía. Sea válida la experiencia del evangelio de San Lucas, cuando en la experiencia de fe, se da el diálogo de los caminantes de Emaús; en el que, por un lado, se sucede la explicación de las Escrituras por parte de Jesús; y, por otro, se experimenta la experiencia de la sorpresa, en *"¿No estaba ardiendo nuestro corazón dentro de nosotros cuando nos hablaba en el camino y nos explicaba las Escrituras?"* (cfr. Lc. 24, 25-32).

La carta apostólica del Papa Juan Pablo II, Mane nobiscum domine, del año 2004, ayuda en esta comprensión de la palabra de Jesús Resucitado, quien explica las Escrituras. La luz de la Palabra ablandaba la dureza de su corazón y «se les abrieron los ojos», dice la carta apostólica (cfr. número 1). En el camino de nuestras dudas e inquietudes, y a veces de nuestras amargas desilusiones, el divino Caminante sigue haciéndose nuestro compañero para introducirnos, con la interpretación de las Escrituras, en la comprensión de los misterios de Dios. Cuando el encuentro llega a su plenitud, a la luz de la Palabra se añade la que brota del «Pan de vida», con el cual Cristo cumple a la perfección su promesa de «estar con nosotros todos los días hasta el fin del mundo» (cfr. Mt 28, 20) (número 2).

La Eucaristía es luz, ante todo, porque en cada Misa la liturgia de la Palabra de Dios precede a la liturgia eucarística, en la unidad de las dos «mesas», la de la Palabra y la del Pan. En la narración de los discípulos de Emaús Cristo mismo interviene para enseñar, «comenzando por Moisés y siguiendo por los profetas», cómo «toda la Escritura» lleva al misterio de su persona (cfr. Lc 24, 27). Sus palabras hacen «arder» los corazones de los discípulos, los sacan de la oscuridad de la tristeza y desesperación y suscitan en ellos el deseo de permanecer con Él: «*Quédate con nosotros, Señor*» (cfr. Lc. 24, 29) (número 12 de la Mane nobiscum domine).

 Exorcismos; no

Una vez leída la Palabra de Dios, con su respectiva reflexión, a la luz del Espíritu Santo, el segundo Paráclito (Jn 14, 16), quien nos aclara su sentido (cfr. Dominum et vivificantem, 3), la misa continúa con la profesión de fe. El otro Paráclito «enseñará» y «recordará», como el que «dará testimonio» de él; porque él «nos guiará hasta la verdad completa». La homilía es parte de la Liturgia y es muy recomendada, pues es necesaria para alimentar la vida cristiana (Cfr. Concilio Ecuménico Vaticano II, Constitución sobre la Sagrada Liturgia, Sacrosanctum Concilium, núm. 52; cfr. Código de Derecho Canónico, canon 767, 1), según se señala en Instrucción general del Misal Romano (número 65).

La importancia de la Palabra de Dios:

Como se señala en la Verbum Domini[1], del año 2010, que el Prólogo de Juan nos sitúa ante el hecho de que el Logos existe realmente desde siempre y que, desde siempre, él mismo es Dios. Así pues, no ha habido nunca en Dios un tiempo en el que no existiera el Logos. El Verbo ya existía antes de la creación. Esta misma Palabra, afirma san Juan, se «hizo carne» (Jn1, 14); por tanto, Jesucristo, nacido de María Virgen, es realmente el Verbo de Dios que se hizo consustancial a nosotros. Así pues, la expresión «Palabra de Dios» se refiere aquí a la persona de Jesucristo, Hijo eterno del Padre, hecho hombre. La Palabra divina, por tanto, se expresa a lo largo de toda la historia de la salvación, y llega a su plenitud en el misterio de la encarnación, muerte y resurrección del Hijo de Dios. Además, la palabra predicada por los apóstoles, obedeciendo al mandato de Jesús resucitado: «Id al mundo entero y proclamad el Evangelio a toda la creación» (Mc 16, 15), es Palabra de Dios. Por tanto, la Palabra de Dios se transmite en la Tradición viva de la Iglesia. La Sagrada Escritura, el Antiguo y el Nuevo Testamento, es la Palabra de Dios atestiguada y divinamente inspirada. Todo esto nos ayuda a entender por qué en la Iglesia se venera tanto la Sagrada Escritura, aunque la fe cristiana no es una «religión del Libro»: el cristianismo es la *religión de la Palabra de Dios*», no de «una palabra escrita y muda, sino del Verbo encarnado y vivo». Por consiguiente, la Escritura ha de ser

---

[1] Cfr. Exhortación apostólica postsinodal Verbum Domini, Benedicto XVI, números 6-13.

proclamada, escuchada, leída, acogida y vivida como Palabra de Dios, en el seno de la Tradición apostólica, de la que no se puede separar. San Buenaventura, junto con la gran tradición de los Padres griegos, ve en el Logos todas las posibilidades de la creación, y dice que «toda criatura es Palabra de Dios, en cuanto que proclama a Dios». La Constitución dogmática Dei Verbum había sintetizado esto declarando que «Dios, creando y conservando el universo por su Palabra (cfr. Jn 1, 3), ofrece a los hombres en la creación un testimonio perenne de sí mismo». Ahora, la Palabra no sólo se puede oír, no sólo tiene una voz, sino que tiene un rostro que podemos ver: Jesús de Nazaret.

Jesús escucha la voz del Padre y la obedece con todo su ser; él conoce al Padre y cumple su palabra (cfr. Jn 8, 55); nos cuenta las cosas del Padre (cfr. Jn 12, 50); «les he comunicado las palabras que tú me diste» (Jn17, 8). Por tanto, Jesús se manifiesta como el Logos divino que se da a nosotros, pero también como el nuevo Adán, el hombre verdadero, que cumple en cada momento no su propia voluntad sino la del Padre. Él «iba creciendo en sabiduría, en estatura y en gracia ante Dios y los hombres» (Lc 2, 52). De modo perfecto escucha, cumple en sí mismo y nos comunica la Palabra divina (cfr. Lc 5, 1).

Cristología de la Palabra:

La condescendencia de Dios se cumple de manera insuperable con la encarnación del Verbo. La Palabra eterna, que se expresa en la creación y se comunica en la historia de la salvación, en Cristo se ha convertido en un hombre «nacido de una mujer» (Ga 4, 4). Nos encontramos ante la persona misma de Jesús. Su historia única y singular es la palabra definitiva que Dios dice a la humanidad. Se trata de una novedad inaudita y humanamente inconcebible: «*Y la Palabra se hizo carne, y acampó entre nosotros*» (Jn1, 14a). Esta expresión no se refiere a una figura retórica sino a una experiencia viva. La narra san Juan, testigo ocular: «Y hemos contemplado su gloria; gloria propia del Hijo único del Padre, lleno de gracia y de verdad» (Jn1, 14b). La fe apostólica testifica que la Palabra eterna se hizo Uno de nosotros. La Palabra divina se expresa verdaderamente con palabras humanas y se cumple finalmente en el misterio pascual: aquí nos

Exorcismos; no

encontramos ante el «Mensaje de la cruz» (1 Co 1, 18). El Verbo enmudece, se hace silencio mortal, porque se ha «dicho» hasta quedar sin palabras, al haber hablado todo lo que tenía que comunicar, sin guardarse nada para sí. Misterio, en el que Jesús se manifiesta como la Palabra de la Nueva y Eterna Alianza: la libertad de Dios y la libertad del hombre se encuentran definitivamente en su carne crucificada, en un pacto indisoluble, válido para siempre

En el misterio pascual se cumplen «las palabras de la Escritura, o sea, esta muerte realizada "según las Escrituras" es un acontecimiento que contiene en sí un logos, una lógica: la muerte de Cristo atestigua que la Palabra de Dios se hizo "carne", "historia" humana». También la resurrección de Jesús tiene lugar «al tercer día según las Escrituras»: ya que, según la interpretación judía, la corrupción comenzaba después del tercer día, la palabra de la Escritura se cumple en Jesús que resucita antes de que comience la corrupción. En este sentido, san Pablo, transmitiendo fielmente la enseñanza de los Apóstoles (cfr. 1 Co 15, 3), subraya que la victoria de Cristo sobre la muerte tiene lugar por el poder creador de la Palabra de Dios. Esta fuerza divina da esperanza y gozo: es éste en definitiva el contenido liberador de la revelación pascual. En la Pascua, Dios se revela a sí mismo y la potencia del amor trinitario que aniquila las fuerzas destructoras del mal y de la muerte.

Así podemos contemplar así la profunda unidad en Cristo entre creación y nueva creación, y de toda la historia de la salvación. Por recurrir a una imagen, podemos comparar el cosmos a un «libro» –así decía Galileo Galilei– y considerarlo «como la obra de un Autor que se expresa mediante la "sinfonía" de la creación. Dentro de esta sinfonía se encuentra, en cierto momento, lo que en lenguaje musical se llamaría un "solo", un tema encomendado a un solo instrumento o a una sola voz, y es tan importante que de él depende el significado de toda la ópera. Este "solo" es Jesús... El Hijo del hombre resume en sí la tierra y el cielo, la creación y el Creador, la carne y el Espíritu. Es el centro del cosmos y de la historia, porque en él se unen sin confundirse el Autor y su obra».

Peligros y tentaciones de una lectura errada de la Palabra de Dios:

La Verbum Domini (siguiendo las mismas líneas de la Pontificia Comisión Bíblica, en el documento *La interpretación de la Biblia en la Iglesia)*, en este sentido, ha hecho una gran consideración y ha llamado la atención sobre el peligro, sin embargo, de no leer como debe ser las Sagradas Escrituras en su carácter de unidad y de aplicación. Así hay que evitar el dualismo entre las Sagradas Escrituras y la teología[2]. A este propósito hay que señalar el grave riesgo de dualismo que hoy se produce al abordar las Sagradas Escrituras. En efecto, al distinguir los dos niveles mencionados del estudio de la Biblia, en modo alguno se pretende separarlos, ni contraponerlos, ni simplemente yuxtaponerlos. Éstos se dan sólo en reciprocidad. Lamentablemente, sucede más de una vez que una estéril separación entre ellos genera una separación entre exegesis y teología, que «se produce incluso en los niveles académicos más elevados». Peligro de una hermenéutica secularizada.

Otro peligro consiste en la interpretación literal de la palabra, sin el más sentido de apertura.

Finalmente, hay que tener en alta consideración las páginas oscuras de la Biblia[3], para lo que en la Verbum Domini, se ha de tener presente ante todo que la revelación bíblica está arraigada profundamente en la historia. El plan de Dios se manifiesta progresivamente en ella y se realiza lentamente por etapas sucesivas, no obstante la resistencia de los hombres. Dios elige un pueblo y lo va educando pacientemente. La revelación se acomoda al nivel cultural y moral de épocas lejanas y, por tanto, narra hechos y costumbres como, por ejemplo, *artimañas fraudulentas, actos de violencia, exterminio de poblaciones*, sin denunciar explícitamente su inmoralidad; esto se explica por el contexto histórico, aunque pueda sorprender al lector moderno, sobre todo cuando se olvidan tantos comportamientos «oscuros» que los hombres han tenido siempre a lo largo de los siglos, y también en nuestros días. En el Antiguo Testamento, la

---

[2] Cfr. Dei Verbum, número 35.

[3] Cfr. Dei Verbum, número 42.

Exorcismos; no

predicación de los profetas se alza vigorosamente contra todo tipo de injusticia y violencia, colectiva o individual y, de este modo, es el instrumento de la educación que Dios da a su pueblo como preparación al Evangelio. Por tanto, sería equivocado no considerar aquellos pasajes de la Escritura que nos parecen problemáticos. Más bien, hay que ser conscientes de que la lectura de estas páginas exige tener una adecuada competencia, adquirida a través de una formación que enseñe a leer los textos en su contexto histórico-literario y en la perspectiva cristiana, que tiene como clave hermenéutica completa «el Evangelio y el mandamiento nuevo de Jesucristo, cumplido en el misterio pascual». Por eso, exhorta la Verbum Domini, a los estudiosos y a los pastores, a que ayuden a todos los fieles a acercarse también a estas páginas mediante una lectura que les haga descubrir su significado a la luz del misterio de Cristo.

Relación y conexión con el tema del exorcismo:

Surge, de inmediato, un cuestionamiento: ¿Y, qué tiene que ver todo esto que estamos presentando con el tema del exorcismo, que es el título y el objetivo de nuestro libro y trabajo?

La respuesta podría ser que no tiene nada que ver, y que puede ser una excusa y pretexto para alargarnos en el mismo. Pero, si la palabra es la clave de la predicación, y el anuncio del mensaje de Jesús, al que fueron convocados los Apóstoles, tiene importancia; entonces, esta extensión sobre la importancia de la Palabra de Dios, no es más que un girar sobre el mismo tema, y no podía faltar, como, de hecho, estamos presentando. Además, porque el exorcismo esta circunscrito al hecho de la predicación, y no puede estar separado de la escucha de la Palabra, lo que exige su comprensión, bajo la guía del Espíritu, en la unidad del único mensaje de salvación. Ya que, al considerar la Iglesia como «*casa de la Palabra*», lleva a comprender que todo acto litúrgico está por su naturaleza empapado de la Sagrada Escritura[4]. Como afirma la Constitución Sacrosanctum Concilium, «la importancia de la Sagrada Escritura en la liturgia es máxima. En efecto, de ella se toman las lecturas que se explican en la homilía, y los salmos que

---

[4] Cfr. Verbum Domini, número 52.

se cantan; las preces, oraciones y cantos litúrgicos están impregnados de su aliento y su inspiración; de ella reciben su significado las acciones y los signos». Más aún, hay que decir que Cristo mismo «está presente en su palabra, pues es Él mismo el que habla cuando se lee en la Iglesia la Sagrada Escritura». Por tanto, «la celebración litúrgica se convierte en una continua, plena y eficaz exposición de esta Palabra de Dios. Así, la Palabra de Dios, expuesta continuamente en la liturgia, es siempre viva y eficaz por el poder del Espíritu Santo, y manifiesta el amor operante del Padre, amor indeficiente en su eficacia para con los hombres». En efecto, la Iglesia siempre ha sido consciente de que, en el acto litúrgico, la Palabra de Dios va acompañada por la íntima acción del Espíritu Santo, que la hace operante en el corazón de los fieles. En realidad, gracias precisamente al Paráclito, «la Palabra de Dios se convierte en fundamento de la acción litúrgica, norma y ayuda de toda la vida. Por consiguiente, la acción del Espíritu... va recordando, en el corazón de cada uno, aquellas cosas que, en la proclamación de la Palabra de Dios, son leídas para toda la asamblea de los fieles, y, consolidando la unidad de todos, fomenta asimismo la diversidad de carismas y proporciona la multiplicidad de actuaciones».

Así, pues, es necesario entender y vivir el valor esencial de la acción litúrgica para comprender la Palabra de Dios. En cierto sentido, la hermenéutica de la fe respecto a la Sagrada Escritura debe tener siempre como punto de referencia la liturgia, en la que se celebra la Palabra de Dios como palabra actual y viva: «En la liturgia, la Iglesia sigue fielmente el mismo sistema que usó Cristo con la lectura e interpretación de las Sagradas Escrituras, puesto que Él exhorta a profundizar el conjunto de las Escrituras partiendo del "hoy" de su acontecimiento personal».

Aquí se muestra también la sabia pedagogía de la Iglesia, que proclama y escucha la Sagrada Escritura siguiendo el ritmo del año litúrgico.

No se puede dejar en el olvido la importancia de la homilía[5], ya que constituye una actualización del mensaje bíblico, de modo que se lleve a los fieles a descubrir la presencia y la eficacia de la Palabra de Dios en el hoy de la propia vida. Debe apuntar a la comprensión del misterio que se celebra, invitar a la

---

[5] Cfr. Verbum Domini, 59.

      Exorcismos; no

misión, disponiendo la asamblea a la profesión de fe, a la oración universal y a la liturgia eucarística.

La plegaria Eucarística:

De inmediato, se prosigue con la plegaria eucarística, que no es otra cosa que la propia esencia de la Eucaristía, pues nos lleva a la razón de ser y existir de la Iglesia, ya que la Iglesia vive de la Eucaristía. Esta verdad no expresa solamente una experiencia cotidiana de fe, sino que encierra en síntesis el núcleo del misterio de la Iglesia. Ésta experimenta con alegría cómo se realiza continuamente, en múltiples formas, la promesa del Señor: « He aquí que yo estoy con vosotros todos los días hasta el fin del mundo » (Mt 28, 20); en la sagrada Eucaristía, por la transformación del pan y el vino en el cuerpo y en la sangre del Señor, se alegra de esta presencia con una intensidad única. Desde que, en Pentecostés, la Iglesia, Pueblo de la Nueva Alianza, ha empezado su peregrinación hacia la patria celeste, este divino Sacramento ha marcado sus días, llenándolos de confiada esperanza (cfr. Ecclesia de Eucharistia, 1).

En la Eucaristía, memorial de la muerte y resurrección de su Señor, se hace realmente presente este acontecimiento central de salvación y «se realiza la obra de nuestra redención». Este sacrificio es tan decisivo para la salvación del género humano, que Jesucristo lo ha realizado y ha vuelto al Padre sólo después de habernos dejado el medio para participar de él, como si hubiéramos estado presentes. Así, todo fiel puede tomar parte en él, obteniendo frutos inagotablemente. Ésta es la fe de la que han vivido a lo largo de los siglos las generaciones cristianas. Ésta es la fe que el Magisterio de la Iglesia ha reiterado continuamente con gozosa gratitud por tan inestimable don (cfr. Ecclesia de Eucharistia, 11, c).

La Plegaria Eucarística, conocida en la tradición oriental como Anaphora, es verdaderamente el "corazón" y el "culmen" de la celebración de la Santa Misa, como explica el Catecismo de la Iglesia Católica (número 1352). Así, en n el Prefacio, *la Iglesia da gracias al Padre, por medio de Cristo, en el Espíritu Santo, por todas sus obras, por la creación, la redención y la santificación. De este modo toda la comunidad se une a la alabanza incesante que la Iglesia celeste, los ángeles y todos los santos cantan al Dios tres veces Santo".*

En la Epíclesis, la Iglesia *"ora al Padre para que envíe su Espíritu Santo (o el poder de su bendición) sobre el pan y el vino, para que se conviertan, por su poder, en el Cuerpo y la Sangre de Jesucristo y para que aquellos que participan en la Eucaristía sean un solo cuerpo y un solo espíritu".*

En el corazón de la Plegaria Eucarística, es decir, en el relato de la institución, *"la eficacia de las palabras y de la acción de Cristo, y el poder del Espíritu Santo, hacen sacramentalmente presentes bajo las especies del pan y del vino su Cuerpo y su Sangre, su sacrificio ofrecido ofrecido en la cruz de una vez por todas "* (Catecismo… número 1353).

Al relato institucional sigue la anámnesis, en la que *"la Iglesia hace memoria de la Pasión, de la Resurrección y de la Vuelta gloriosa de Jesucristo; ésta presenta al Padre la ofrenda de su Hijo que nos reconcilia con él".*

La Eucaristía y el sacramento de la Penitencia:

Es importante, sin embargo, apuntar lo que el Papa Juan Pablo II, en la carta Dominicae Cenae, dice cuando habla de la tentación de considerar la Misa sólo como un banquete, en el que se participa recibiendo el Cuerpo de Cristo, para manifestar sobre todo la comunión fraterna. Lo que exige una vigilante atención y un análisis teológico y pastoral, guiado por el sentido de una máxima responsabilidad. No podemos permitir que en la vida de nuestras comunidades se disipe aquel bien que es la sensibilidad de la conciencia cristiana, guiada únicamente por el respeto a Cristo que, recibido en la Eucaristía, debe encontrar en el corazón de cada uno de nosotros una digna morada. Este problema está estrechamente relacionado no sólo con la práctica del Sacramento de la Penitencia, sino también con el recto sentido de responsabilidad de cara al depósito de toda la doctrina moral y de cara a la distinción precisa entre bien y mal, la cual viene a ser a continuación, para cada uno de los participantes en la Eucaristía, base de correcto juicio de sí mismos en la intimidad de la propia conciencia. Son bien conocidas las palabras de San Pablo: «Examínese, pues, el hombre a sí mismo»; ese juicio es condición indispensable para una decisión personal, a fin de acercarse a la comunión eucarística o bien abstenerse (cfr. Dominicae Cenae, 11, d y e).

La oración del Padrenuestro:

Siguiendo el orden, tenemos, ahora la oración del Padrenuestro, como continuación del exorcismo que se realiza en toda la misa, desde el comienzo hasta el final. Así, en la oración del Padrenuestro se dice que *"no nos dejes caer en la tentación y líbranos del mal"*. Y en la oración que continúa, el sacerdote dice: *"Líbranos de todos los males, Señor, y concédenos la paz en nuestros días, para que, ayudados por tu misericordia, vivamos siempre libres de pecado y protegidos de toda perturbación, mientras esperamos la gloriosa venida de nuestro Salvador, Jesucristo"*. Habría que resaltar la parte de *"protegidos de toda perturbación"*, como petición continuada de liberación y sanación; es decir, exorcismo.

Finalmente, se termina como se ha comenzado, apenas se comienza la Misa. El sacerdote, después de la invitación de volver a orar, dice *"La bendición de Dios todopoderoso, Padre, Hijo y Espíritu Santo, descienda sobre ustedes"*. Y, concluye ya el exorcismo, al invitar y enviar a todos los asistentes, con la certeza de que *"podemos ir en paz"*; a lo que contesta la asamblea gozosa, *"demos gracias a Dios"*.

Y se termina, así, habiendo cumplido el mandato dado por Jesús, según el evangelio de San Marcos, en el que, Jesús *"instituyó Doce, para que estuvieran con él, y para enviarlos a predicar con poder de expulsar los demonios"* (Mc. 3, 13-15)". Habiendo cumplido la condición de reflexionar sobre su palabra y haber escuchado su predicación, bajo la guía y la iluminación del Espíritu Santo.

Ya el exorcismo queda implícito, porque se nos ha abierto la mente y el corazón, y con la experiencia de los caminantes de Emaús, se ha sucedido la explicación de las Escrituras por parte de Jesús; y se ha experimentado la experiencia de la sorpresa, en *"¿No estaba ardiendo nuestro corazón dentro de nosotros cuando*

nos hablaba en el camino y nos explicaba las Escrituras?" (cfr.
Lc. 24, 25-32).

     Exorcismos; no

Una nota más

Llama poderosamente la atención, que en el Seminario, tanto en el estudio de la filosofía como en el de la Teología, el tema del exorcismo brille por su ausencia a nivel académico. No hay un curso o materia al respecto. Si fuera, de verdad de mucha importancia, ¿hubieran dejado pasar por alto una omisión, los Directores de Estudios en los Seminarios, en la programación del pensum de formación sacerdotal?

Igualmente, en las prestigiosas universidades católicas, como la Pontificia Universidad Gregoriana de Roma (por decir una), tampoco hay una cátedra sobre el exorcismo; como tampoco una especialización. ¿Será omisión; o será que no tiene, realmente, importancia?

Por otra parte, ¿es condición y facultad implícita con el hecho de la ordenación sacerdotal, la supuesta facultad de expulsar demonios? En el sentido de celebrar el misterio de la Eucaristía, sin duda que sí. Pero, ¿fuera de la Eucaristía, será posible el exorcismo? No se niega, por supuesto, que en el Bautismo; sí.

En el momento de la ordenación sacerdotal, el ritual de este sacramento, dice:

> *Por eso, vosotros, queridos hijos, que ahora seréis consagrados presbíteros, debéis cumplir el ministerio de enseñar en nombre de Cristo, el Maestro. Anunciad a todos los hombres la palabra de Dios que vosotros mismos habéis recibido con alegría. Meditad la ley del Señor, creed lo que leéis, enseñad lo que creéis y practicad lo que enseñáis. Que vuestra doctrina sea un alimento sustancioso para el pueblo de Dios* (Ritual de la Ordenación de Presbíteros, en *Ritual de los Sacramentos*).

Nada aparece respecto al mandato o a cualquier otra referencia a "exorcismos", como actividad separada y exclusiva del ministerio sacerdotal. Por el contrario, si aparece la invitación a la sujeción del estudio de la palabra y de su servicio a la comunidad.

Conclusión

A modo de conclusión general, tenemos que volver a las Sagradas Escrituras, para citar el evangelio, quedando clara la connotación de la expulsión de los demonios y demás curaciones. Dice, que, Jesús, *"Instituyó Doce, para que estuvieran con él, y para enviarlos a predicar con poder de expulsar los demonios"* (Mc. 3, 13-15)". Con su condicionamiento: *"enviarlos a predicar"*.

Si no se da ese condicionamiento, no se da el otro fenómeno.

Ha quedado más que demostrado en este estudio, dónde, cómo y en qué forma se da, entonces, el exorcismo. Y se da en la Eucaristía, porque toda ella es en función de la Redención del hombre de todos los tiempos.

Exorcismos; no

ORACIÓN DE PERDÓN DEL SANTO PADRE[1]
Año Jubilar 2000 (17 de marzo de 2000)
Frente a la estatua La Piedad, de Miguel Ángel

El Santo Padre Juan Pablo II:

Hermanos y hermanas, supliquemos con confianza a Dios nuestro Padre, misericordioso y compasivo, lento a la ira y grande en el amor y la fidelidad, que acepte el arrepentimiento de su pueblo, que confiesa humildemente sus propias culpas, y le conceda su misericordia.

Todos rezan unos momentos en silencio.

I-
CONFESIÓN DE LOS PECADOS EN GENERAL

Un Representante de la Curia Romana (el cardenal africano, Bernardin Gantin, Decano del Colegio cardenalicio):

Oremos para que nuestra confesión y nuestro arrepentimiento estén inspirados por el Espíritu Santo, nuestro dolor sea consciente y profundo, y, considerando con humildad las culpas del pasado en una auténtica «purificación de la memoria», nos comprometamos en un camino de verdadera conversión.

---

[1] Véase desde la página 114 a la 118.

139

Las siete peticiones de perdón...

Oración en silencio.

1)   El Santo Padre:

> Señor Dios, tu Iglesia peregrina, santificada siempre por ti con la sangre de tu Hijo, acoge en su seno en cada época a nuevos miembros que brillan por su santidad y a otros que, con su desobediencia a ti, contradicen la fe profesada en el santo Evangelio. Tú, que permaneces fiel aún cuando nosotros te somos infieles, perdona nuestras culpas y concédenos ser entre los hombres auténticos testigos tuyos. Por Cristo nuestro Señor.

R. Amen.

El Cantor: Kyrie, eleison; Kyrie, eleison; Kyrie, eleison.
La asamblea repite: Kyrie, eleison; Kyrie, eleison; Kyrie, eleison.

Se enciende una lámpara ante el Crucifijo.

II.
CONFESIÓN DE LAS CULPAS EN EL SERVICIO DE LA VERDAD

Un Representante de la Curia Romana (el cardenal Joseph Ratzinger):

> Oremos para que cada uno de nosotros, reconociendo que también los hombres de Iglesia, en nombre de la fe y de la moral, han recurrido a veces a métodos no evangélicos en su justo deber de defender la verdad, imite al Señor Jesús, manso y humilde de corazón.

Oración en silencio.

El Santo Padre:

> Señor, Dios de todos los hombres, en algunas épocas de la historia los cristianos a veces han transigido con métodos de intolerancia y no han seguido el gran mandamiento del amor, desfigurando así el rostro de la Iglesia, tu Esposa. Ten misericordia de tus hijos pecadores y acepta nuestro propósito de buscar y promover la verdad en la dulzura de la caridad, conscientes de que la verdad sólo se impone con la fuerza de la verdad misma. Por Cristo nuestro Señor.

Las siete peticiones de perdón...

R. Amén.
R. Kyrie, eleison; Kyrie, eleison; Kyrie, eleison.
Se enciende una lámpara ante el Crucifijo.

III.
CONFESIÓN DE LOS PECADOS QUE HAN COMPROMETIDO LA UNIDAD DEL CUERPO DE CRISTO

Un Representante de la Curia Romana (El cardenal vasco-francés, Roger Etchegaray):

Oremos para que el reconocimiento de los pecados que han lastimado la unidad del Cuerpo de Cristo y herido la caridad fraterna, allane el camino hacia la reconciliación y la comunión de todos los cristianos.

Oración en silencio.

El Santo Padre:

Padre misericordioso, la víspera de su pasión tu Hijo oró por la unidad de los que creen en él: ellos, sin embargo, en contra de su voluntad, se han enfrentado y dividido, se han condenado y combatido recíprocamente. Imploramos ardientemente tu perdón y te pedimos el don de un corazón penitente, para que todos los cristianos, reconciliados contigo y entre sí en un solo cuerpo y un solo espíritu, puedan revivir la experiencia gozosa de la plena comunión. Por Cristo nuestro Señor. R. Amén.

R. Kyrie, eleison; Kyrie, eleison; Kyrie, eleison.
Se enciende una lámpara ante el Crucifijo.

Las siete peticiones de perdón...

IV.
CONFESIÓN DE LAS CULPAS EN RELACIÓN
CON ISRAEL

Un Representante de la Curia Romana (El cardenal Edward Cassidy):

Oremos para que, recordando los padecimientos sufridos por el pueblo de Israel en la historia, los cristianos sepan reconocer los pecados cometidos por muchos de elloscontra el pueblo de la alianza y de las bendiciones, y purificar así su corazón.

Oración en silencio.

El Santo Padre:

Dios de nuestros padres, tú has elegido a Abraham y a su descendencia para que tu Nombre fuera dado a conocer a las naciones: nos duele profundamente el comportamiento de cuantos, en el curso de la historia, han hecho sufrir a estos tus hijos, y, a la vez que te pedimos perdón, queremos comprometernos en una auténtica fraternidad con el pueblo de la alianza. Por Cristo nuestro Señor.

R. Amén.
R. Kyrie, eleison; Kyrie, eleison; Kyrie, eleison.
Se enciende una lámpara ante el Crucifijo.

V.
CONFESIÓN DE LAS CULPAS COMETIDAS CON
COMPORTAMIENTOS CONTRA EL AMOR, LA PAZ, LOS DERECHOS
DE LOS PUEBLOS, EL RESPETO DE LAS CULTURAS Y DE LAS
RELIGIONES

Un Representante de la Curia Romana (El arzobispo japonés, Stephen Fumio Hamao):

Oremos para que, contemplando a Jesús, nuestro Señor y nuestra Paz, los cristianos se arrepientan de las palabras y conductas a veces suscitadas por el orgullo, el odio, la voluntad de dominio sobre los demás, la hostilidad hacia los miembros de otras religiones y hacia los grupos sociales más débiles,

142

como son los emigrantes y los gitanos.

Oración en silencio.

El Santo Padre:

Señor del mundo, Padre de todos los hombres, por medio de tu Hijo nos has pedido amar a los enemigos, hacer bien a los que nos odian y orar por los que nos persiguen. Muchas veces, sin embargo, los cristianos han desmentido el Evangelio y, cediendo a la lógica de la fuerza, han violado los derechos de etnias y pueblos, despreciando sus culturas y tradiciones religiosas: muéstrate paciente y misericordioso con nosotros y perdónanos. Por Cristo nuestro Señor. R. Amen.

R.. Kyrie, eleison; Kyrie, eleison; Kyrie, eleison.
Se enciende una lámpara ante el Crucifijo.

VI.
CONFESIÓN DE LOS PECADOS QUE HAN HERIDO LA DIGNIDAD DE LA MUJER Y LA UNIDAD DEL GÉNERO HUMANO

Un Representante de la Curia Romana (El cardenal nigeriano, Francis Arinze):

Oremos por todos aquellos a quienes se ha ofendido en su dignidad humana y cuyos derechos han sido vulnerados: oremos por las mujeres, tantas veces humilladas y marginadas, y reconozcamos la formas de connivencia de las que también se han hecho culpables muchos cristianos.

Oración en silencio.

143

El Santo Padre:

Señor Dios, Padre nuestro, tú has creado al ser humano, hombre y mujer, a tu imagen y semejanza y has querido la diversidad de los pueblos en la unidad de la familia humana; sin embargo, a veces, la igualdad de tus hijos no ha sido reconocida, y los cristianos se han hecho culpables de actitudes de marginación y exclusión, permitiendo las discriminaciones a causa de la diversidad de raza o de etnia. Perdónanos y concédenos la gracia de poder curar las heridas todavía presentes en tu comunidad a causa del pecado, de modo que todos podamos sentirnos hijos tuyos. Por Cristo nuestro Señor.

R. Amén.

R. Kyrie, eleison; Kyrie, eleison; Kyrie, eleison.
Se enciende una lámpara ante el Crucifijo.

VII.
CONFESIÓN DE LOS PECADOS EN EL CAMPO DE LOS DERECHOS FUNDAMENTALES DE LA PERSONA

Un Representante de la Curia Romana (el arzobispo vietnamita, François Xavier Nguyên Van Thuân):

Oremos por todos los seres humanos del mundo, especialmente por los menores víctimas de abusos, por los pobres, los marginados, los últimos; oremos por los más indefensos, los no nacidos destruidos en el seno materno o incluso utilizados para la experimentación por cuantos han abusado de las posibilidades que ofrece la biotecnología, falseando las finalidades de la ciencia.

Oración en silencio.

Las siete peticiones de perdón...

El Santo Padre:

Dios, Padre nuestro, que siempre escuchas el grito de los pobres, cuántas veces tampoco los cristianos te han reconocido en quien tiene hambre, en quien tiene sed, en quien está desnudo, en quien es perseguido, en quien está encarcelado, en quien no tiene posibilidad alguna de defenderse, especialmente en las primeras etapas de su existencia. Por todos los que han cometido injusticias, confiando en la riqueza y en el poder y despreciando a los «pequeños», tus preferidos, te pedimos perdón: ten piedad de nosotros y acepta nuestro arrepentimiento. Por Cristo nuestro Señor.

R. Amén.
R. Kyrie, eleison; Kyrie, eleison; Kyrie, eleison.
Se enciende una lámpara ante el Crucifijo.

ORACION FINAL

El Santo Padre:

Oh Padre misericordioso, tu Hijo Jesucristo, juez de vivos y muertos, en la humildad de su primera venida ha rescatado a la humanidad del pecado y, en su retorno glorioso, pedirá cuentas de todas las culpas: concede tu misericordia y el perdón de los pecados a nuestros padres, a nuestros hermanos y a nosotros tus siervos, que impulsados por el Espíritu Santo volvemos a ti arrepentidos de todo corazón, Por Cristo nuestro Señor.

R. Amen.

El Santo Padre, como expresión de penitencia y de veneración, abraza y besa el Crucifijo.

Las siete peticiones de perdón...

Bibliografía General

Alain Demurger, *Cruzadas: una historia de la guerra medieval*, traducción de José Miguel González Garcén, Ediciones Paidós Ibérica, S.A. Barcelona-España, 2009.

Alfredo Floristán y autores varios, *Historia Moderna Universal*, Editorial Ariel, Barcelona-España, segunda impresión, 2007.

Anne Brenon, *Las mujeres cátaras*, Barcelona, 2001. Cfr. La cruzada contra los cátaros. Anne Brenon, Las mujeres cátaras, Tikal, Barcelona, 2001.

Antoine Vergote Exorcismos: *Punto De Vista De La Psicología Religiosa*, Exorcismes et priéres de délivrance. Point de vue de la psychologie religieuse; La Maison-Dieu 183/184 (1990).

Antón Adams, *Brujas y Magos*, Editorial Edaf, S. A., tercera edición, Chile, 2002, Impreso en España, Gráficas Cofa, S. A.

Autores varios: Benedicto XVI, Gustavo Bueno, Wahl Farouq, André Glucksmann, Jon Juaristi, Sari Nusseibeh, Javier Prades, Robert Spaemann, Josep Weiler, *¡Dios salve la razón!* (traducción: Lázaro Sanz, Ediciones Encuentro. S.A., Madrid, 2008).

Bernardo Vega, *Domini canes*, 4ª Edijción, Editor Fundación Cultural Dominicana, 2001.

Carta dirigida por el Papa Juan Pablo II al cardenal Roger Etchegaray con motivo de la publicación de las «Actas del Simposio Internacional "La Inquisición", Vaticano, 15 de junio de 2004.

CL Fillion , *Los Milagros de Jesucristo, El enigma explicado desde la perspectiva racional y la mirada religiosa*, Círculo Latino, S. L, Editorial, 2005, Barcelona, España, pp. 367-368.

Comisión Teológica Internacional, *Memoria y Reconciliación la Iglesia y las culpas del pasado*.

Diccionario de la lengua española © 2005 Espasa-Calpe.

Diccionario de la lengua española © 2005 Espasa-Calpe; Diccionario Manual de Sinónimos y Antónimos de la Lengua Española Vox. © 2007 Larousse Editorial, S.L.

Enrique Laval R., *Sobre las epidemias del fuego de San Antonio*, Revista chilena de infectología, 2004.

Erik Durschmied, *La cruzada del odio, cazadores de brujas, Una apasionante crónica histórica y periodística*, Ediciones Robinbook, España.

Fernando Berríos Medel, titulado *El método antropológico-trascendental de Karl Rahner, como hermenéutica teológica del mundo y de la praxis*, publicado en Teología y Vida, Vol. XLIII (2002) 467-502.

Frank Donovan, *Historia de la Brujería*. El martillo de la brujas, para golpear a las brujas y sus herejías con poderosa masa, Miguel Jiménez Monteserín (traductor), Editorial Maxtor, Valladolid, 2004.

Gabrielle Amorth, Centralidad de Cristo en el libro, *Habla un exorcista*, Editorial Planeta, Cuarta edición, España, 2005.

Gordon Anna, el Instituto Nacional de Biología Agrícola, y Fernan Federici, Universidad de Cambridge. También, Los diccionarios y las enciclopedias sobre el Académico (diccionario médico).

Heinrich Kramer-Jakob Sprenger, *Malleus maleficarum: el martillo, El libro infame de la inquisición*, Editorial Círculo Latino, 1ª edición, Barcelona-España, 2005.

J. B. Cortés, *Exorcismos y Liturgia*.

Jacob Neusner, *Un Rabino habla con Jesús*.

Javier Prades, Presentación, *Un testigo eficaz: Benedicto XVI*, en el libro Dios Salve la razón.

Jesús Peláez, *Los milagros de Jesús en los evangelios sinópticos: Posibilidad e historicidad*, Universidad de Córdoba, España.

Juan Bautista Flórez cmf, *El Reino de Dios en las obras poderosas manifestadas en Jesús*.

Los diccionarios y las enciclopedias sobre el Académico (diccionario médico), expresión consultada: "Cornezuelo del Centeno". Traducción del capítulo VI de "Elementos de Medicina Práctica", del doctor Guillermo Cullen, Tomo II (1789).

Luigi Schiavo, *Jesús taumaturgo* - Elementos interpretativos.

P. Jorge Loring, *Ética del placer sexual*.

Pedro Urbano López de Meneses, *Creó Dios en un principio, Iniciación a la Teología de la Creación*, Ediciones Rialp, S.A., Madrid, 2004.

Pierre Grelot, *Los milagros de Jesús y la demonología judía*, en Xavier Léon-Dufour, Los milagros de Jesús según el Nuevo Testamento, Ediciones Cristiandad, Madrid, 1977.

Rafael Aguirre, *Del movimiento de Jesús a la Iglesia cristiana*, Ensayo de exégesis sociológica del cristianismo primitivo, Editorial Verbo Divino, España, 2009. Igualmente, sus conferencias en Madrid

2010, en SEUT (Seminario Evangélico Unido de Teología) titulada La Biblia y la exégesis sociocientífica.

Rafael Aguirre, *La «Third Quest» ¿Una nueva investigación?* Universitat de Deusto, Bilbao.

Raphael Sabatini, *Hounds Of God*, Editor House of Stratus, 2008.

René Nelli, *Los cátaros del Languedoc en el siglo XIII*, José Olañeta, Palma de Mallorca, 2002.

RITO DEL EXORCISMO MAYOR, en el RITUAL DE LOS EXORCISMOS de la Congregación para el Culto Divino y la disciplina de los Sacramentos, 1998.

Sabine Barin-Gould, *The book of were-wolves, being an account of a terrible superstition*, Londres, 1865.

Santiago Guijarro Oporto, *El Jesús histórico*.

SS Juan Pablo II, Catequesis de SS Juan Pablo II, *Significado salvífico de los milagros,* Jesús mismo explica que el milagro de la curación del paralítico es signo del poder salvífico por el cual Él perdona los pecados (Catequesis del 25 de noviembre de 1987).

SS. Benedicto XVI, Discurso a la Curia Romana del22 de deiciembre del 2005. También la intervención del Papa Benedicto XVI en la Universidad de Regensbur el martes 2 de septiembre de 2006.

X. Leon-Dufour (ed.), *Los Milagros de Jesús según el Nuevo Testamento,* Autores varios, bajo la dirección de Xavier Léon-Dufour, Eediciones Cristiandad, Madrid, 1979.

INDICE GENERAL

Nota preliminar de este estudio_y ubicación general 7
El milagro en el día de hoy 9

PRIMERA PARTE

El exorcismo y Jesús de Nazaret 15
Tipología de los milagros de Jesús: 15
Milagros de curaciones: 15
Milagros de exorcismo: 15
Milagros de la naturaleza: 16
Milagros de resurrección: 16
Algunas características de la cultura judía respecto al milagro: 17
Volverse a Dios: 17
Contexto apocalíptico: 17
Contexto escatológico: 18
Contexto mesiánico: 19
El Mesías davídico: 19
El Mesías sacerdotal: 19
El Mesías profético: 20
Algunas interpretaciones sobre la persona de Jesús y los milagros 21
Jesús, "hombre divino":   21
Jesús mago: 22
Como Elías y Eliseo: 22
Actividades milagrosas de Jesús y muerte en la cruz: 22
Precisiones obligatorias: 24
Algunos planteamientos en relación a Jesús respecto a los milagros: 24
Taumaturgos en el Antiguo Testamento: 29
"Milagro" 30
Definición de milagro: 30
¿Realmente suceden los milagros?: En relación a la salud mental: 30
En relación a la religión como sanación: 31
En relación al diablo: 31
Una no-persona: 31
Una demonización del que es diferente: 32
Jesús y los milagros 33
Carácter literario: 33
Usos de las palabras "milagro" (o sus equivalentes) en los Evangelios: 34
Obras potentes: 34
Maravilla: 34
Prodigio: 34
Signo, señal   : 35
La cantidad de los milagros de Jesús: 35
Milagros que quedaron incompletos: 36

Algunas complicaciones: 36
La historicidad de los milagros 37
Los milagros de Jesús según el propio Jesús: 37
Fracaso de Jesús: 37
El mesías esperado: 38
A MODO DE CONCLUSIÓN: 39

SEGUNDA PARTE

EL EXORCISMO 45
En el caso de Jesús: 45
Algunos datos de consideración: 45
El elemento cultural: 45
El elemento social: 47
Movimiento de cambio: 47
Su líder es el reflejo del movimiento: 48
Casos de exorcismos de Jesús: 49
Los dos primeros exorcismos de San Marcos: 49
Algunos detalles: 50
Algunas aplicaciones: 53
El primer y el cuarto exorcismos del San Marcos: 57
Algunos detalles: 58
Algunas aplicaciones generales: 60
A modo de conclusión: 61

TERCERA PARTE

¿Es posible el exorcismo hoy? 65
Poder de expulsar los demonios dado por Jesús: 66
En la historia de la Iglesia: 70
Un poco de historia: 70
Ideas del padre Gabriele Amorth 72
La rebeldía del demonio: 72
Los trastornos que causa el demonio: 74
La forma y manera de curar: 76
La oración a San Miguel Arcángel: 76
EL RITO de Exorcismo_QUE DEBE EMPLEARSE 77
Los dones de Satanás: 78
   Oraciones y modos del RITO DEL EXORCISMO MAYOR o Exorcismo solemne 78
Los exorcismos_(según el padre Amorth) 81
Tipos de exorcismos: 81
Objetivos del exorcismo: 82
Tiempo del exorcismo: 82
Los afectados por el demonio: 82
Algunos síntomas de posesión: 84

Algunos procedimientos a seguir:..84
Clasificación de los demonios: 85
La manera de comportamiento del demonio:..85
Efectos del exorcismo: 87
Algunos tipos de maleficio: 87
Los que pueden expulsar demonios:..88
Algunas notas extras sobre el tema: 88
Una pequeña crítica 91
al pensamiento del P. Amorth: 91
Exorcismos y psicología..100
Algunos elementos de consideración y de utilidad:...........................102
Combate espiritual: 102
Una praxis pragmática: 102
Algunos casos naturales de desórdenes: 102
Hombres lobos (licántropos): 103
Posibles causas naturales del hombre lobo: 104

ALGUNAS EXPLICACIONES Y APLICACIONES............................107
El ámbito religioso: 107
Existe el hechizo: 109
El diablo colabora con el brujo, especial con las brujas:......................109
La bula del Papa Inocencio VIII (contenido): 111
Situación y causa que origina la bula: 111
Nombramiento y reiteración de la autoridad inquisidora:.....................112
El ámbito de la ciencia: 113
Sólo hay exorcismo si hay alguna creencia religiosa:...........................118

CUARTA PARTE

EXORCISMO SI

Estructura de la Misa: 123
La importancia de la Palabra de Dios:..126
Cristología de la Palabra: 127
Peligros y tentaciones de una lectura errada de la Palabra de Dios:..........129
Relación y conexión con el tema del exorcismo: 130
Una nota más 136
Conclusión 137

APÉNDICE_ORACIÓN DE PERDÓN DEL SANTO PADRE 139

Bibliografía General 147
INDICE GENERAL 151